年金・保険・相続・贈与・遺言 きほんの「キ」

岡本通武＋「みんなの暮らしと税金」研究会

講談社＋α文庫

まえがき

　私たちは、二〇年以上にわたって、区役所の税務相談、商工会議所の税金相談などを通じて一般の方、そしてプロの税理士、行政書士などの方々から、相談を受けてお答えするという活動をしてきました。高齢化社会、格差社会を迎え、さらに公的機関の不始末などがあとを絶たない現代においては、だれでもある程度の税や年金の知識をもって「自衛」しなければならない時代になったと痛感しています。

　日ごろのご相談のなかからたくさんの方に共通するご質問を選んで、だれもが知りたい年金や保険、相続などについての基本的な知識が得られるようにまとめてみたのがこの本です。

　なお、本書は、平成二〇年四月一日現在の法令等に基づいて解説していますが、特に時限立法などは、国会の継続審議で期限切れとなる場合がございますので、あらかじめご了承願います。また、紙幅の都合で簡易な表現で説明しておりますことと、行政機関によって対応が異なる場合がありますので、実際の法律上や税法上の適用の可否につきましては、お近くの社会保険事務所・税務署などの公的機関や社会保険労務士・税理士等へご相談、ご確認ください。また、税法や通達などは絶えず変わりますので、再確認をしながら対処する必要があります。

読者の皆様のお金の疑問を少しでも解き明かし、未来への安心を得ていただけたら筆者陣としてまことに幸いです。

二〇〇八年四月

岡本通武《おかもとみちたけ》＋「みんなの暮《く》らしと税金《ぜいきん》」研究会《けんきゅうかい》

年金・保険・相続・贈与・遺言 きほんの「キ」◎目次

まえがき 3

第一章 年金

今さら聞けない基本のきほんの「キ」 年金編

年金でよく話題になる一号、二号ってなに？ 24
結局、老齢年金ってどのくらいもらえるものなの？ 28
年金ってもらえるのは遠い先のことなのに保険料を払わないといけないの？ 36

離婚による年金分割制度が開始されて離婚がふえているの？ 46
サラリーマンの妻と自営業の妻。もらえる遺族年金の額は同じ？ 58
私たちは婚姻届を出していません。年金はもらえるの？ 72
年金の支給もれがあった！　年金はもらえるの？ 74

「年金」って何歳になったらもらえるの？ 18
年金で、「一階」「二階」って、なんのこと？ 21
一〇年間ＯＬをして結婚、その後はずっと専業主婦です。どんな年金がもらえますか？ 26
会社員の夫と専業主婦の妻です。将来どんな年金がもらえる？ 30
扶養家族がいるともらえる厚生年金がふえるの？ 33
リストラで家計が大ピンチ！　保険料が払えない。どうする？ 38
大学生の息子の年金も払うの？　現在仕送りで精一杯です！ 40
現在、育児休業中です。ワーキング・マザーの年金はどうなるの？ 42
平成一九年の年金制度の改正でなにが変わったの？ 44

離婚しても年金がもらえるって本当なの？　48
新しい年金の分割方法は？（離婚による年金分割）　50
夫はずっと自営業。離婚したら、私も夫の年金の半分をもらえますか!?　53
母の私が息子の遺族厚生年金をもらえるの？　55
もらえる遺族年金はどれ？（夫が会社員の妻）　60
主人は二〇年以上会社に勤め、妻の私はずっと専業主婦です。主人が亡くなったら年金はもらえますか？　62
結婚したばかりの二九歳の主婦で、子供はいません。もし夫が亡くなったら、年金はもらえますか？　64
もらえる遺族年金はどれ？（夫が自営業の妻）　66
個人事業者・国民年金加入中の遺族年金はどうなりますか？　68
仕事中に死亡して労災が認められたら、遺族年金はもらえないの？　70
どの年金にどのくらいの期間加入したのかわからない。どうしたらいいの？　76
加入期間が二五年に満たない！　年金は一円ももらえないの!?　79
国民年金の未払い期間がある。満額もらいたいけれど、どうしたらいい？　82

加入したのは、国民年金だけ！ どうしたら年金をふやせる？ 85
少しでも年金をUPさせたい！（個人事業主の夫婦） 88
少しでも年金をUPさせたい！（夫が会社員の妻・専業主婦） 90
老いて一人暮らし。年金の手続きが心配です 92

第二章 保険

今さら聞けない基本のきほんの「キ」 保険編

生命保険って、どんなものなの？ 96
生命保険の商品はどう違うの？ 102
受け取った生命保険金を子供達にあげると税金がかかる？ 118

三〇年間の保険料の支払いが、やっと終わりました。なのに満期金が支払われないのはなぜ？ 98

夫が残したはずの「定期保険」はなぜ支払われないの？　100
保険に入ったら、保険料は一定なの？　104
生命保険の「単体保険」ってなに？　107
「定期付終身保険」ってなに？　110
夫が三五年前に加入した豪華な「定期付終身保険」ってなに？　112
夫婦保険は保険料が割安とすすめられましたが？　115
生命保険金の受取人が亡くなった！　どうしたらいい？　120
生命保険金の税金はどうなっているの？　121
生命保険金には相続税がかかるの？（生命保険金の非課税制度）　123
生命保険の受取人は孫。保険料に税金はかかるの？　125
生命保険の被保険者が亡くなった。相続税は相続人と相続人以外では違うの？　127
事故で夫が亡くなり自賠責の損害保険金を受け取った。相続税の申告は必要？　129
相続を放棄した場合、生命保険金はどうなる？　131
がん保険の入院給付金は税金がかからないの？　133
会社契約の生命保険を個人に名義変更すると税金は？　135

第三章 相続

どんな財産に相続税がかかるの？ 138
おなかの赤ちゃんは財産を相続できるの？（胎児の相続） 140
同じ母から生まれた子でも婚姻の子と婚姻外の子の相続分は異なる？ 142
死亡後に隠し子が出てきた！ 相続人となる？（非嫡出子） 145

今さら聞けない基本のきほんの「キ」 相続編

「法定相続分」ってなに？ 144
相続が発生！ いつまでに申告する？ 148
姻族ってなに？ 183
一年間で相続税を納めた人はどのくらい？ 192
相続税を申告した！ 税務調査はあるの？ 198
「扶養義務」ってなに？ 202

相続放棄のタライ回しは怖い？（相続放棄） 150
もらえる財産より借金が多い！　だれも借入金を相続しないですむ方法は？（限定承認） 152
創業者の義父が会社へ貸し付けた貸付金も相続財産になる？（貸付債権） 155
相続財産から引かれる「葬式費用」ってなに？ 158
相続人は妻の私だけ。評価額7億円の不動産の相続税はいくら？（配偶者の税額軽減） 161
別居している義母が住む自宅の土地が急騰！　相続税を安くしたい！ 163
遺産分割協議書が遺言書と違っても大丈夫？（遺産分割） 165
税務署からの「相続税の申告のお尋ね」ってなに？ 167
相続税の申告期限内に申告内容を訂正したい。期限内に訂正申告できる？ 169
相続財産は自宅だけ。どうやって二人で分ければよい？（代償分割） 171
父の生前に財産を多くもらった兄と公平にしたい！（特別受益） 173
遺言で相続財産のほとんどが兄に！　少しでも取り戻したい！ 176
弟の事情により、遺産の分割協議のやり直しはできる？（遺産分割と贈与税） 179

高齢者の再婚相手は相続人になるの？（法定相続人） 181
再婚の継母が父の財産をすべて相続?! 184
ハワイにある自宅の評価を安くできる？（小規模宅地の評価減） 187
外国人の夫の遺した東京都内の財産の相続税は？（相続財産の所在） 189
相続税申告の後に、知らない資産が出てきた！ 194
遺産分割協議をして相続税申告をした後に遺言書が出てきた！ 196
一五年も義母の介護をしている長男の嫁への遺産分けはないの？（介護の貢献） 200

第四章 贈与

今さら聞けない基本のきほんの「キ」 贈与編

親のお金で買い物三昧。税金がかかるって本当？ 204
孫への教育資金に贈与税がかかるの？ 206

送金手数料の負担が大きいので留学中の孫に、生活費を一括して送金したい！ 208
自宅を安く買った差額も、贈与税の結婚二〇年目の配偶者控除が使える？ 210
二回目の婚姻二〇年目。配偶者控除は二度使えるの？（贈与税の配偶者控除） 213
夫名義のマンションをもらって離婚したら贈与税を支払うの？（財産分与） 216
親の援助で億ションをゲットしたい！（相続時精算課税） 218
県の分譲住宅を法令等でやむをえず子供名義で購入。贈与税はどうなる？ 221
自分のブティックを一人娘に名義変更したい！（事業主の名義変更） 224
親の援助で、私の借金をきれいに清算したい！（相続時精算課税） 226
共働き夫婦でマンションを購入するとき共有登記はどのようにすればよい？ 229

第五章 遺言

今さら聞けない基本のきほんの「キ」 遺言編

遺言とエンディング・ノート。同じものなの？ 232

「遺言」でできることって？（法定遺言事項） 234
遺言書をビデオでつくってもいい？ 236
かわいい孫に財産を残したい！（自筆証書遺言） 238
妻の私だけが夫の財産を全部もらえる？（公正証書遺言） 240
婚姻届を出していない内縁関係の妻でも財産がもらえる？（遺贈による遺言） 242
遺言を取り消したり、変更することはできる？ 244
遺言書でもめた場合、家庭裁判所はなにをしてくれる？ 246
嫁の私でも財産がもらえる？（介護の貢献） 248

ねんきん特別便・年金記録の問い合わせ先 250
参考ホームページ 251
「みんなの暮らしと税金」研究会からのお知らせ 253

年金・保険・相続・贈与・遺言　きほんの「キ」

第一章 年金

Q 「年金」って何歳になったらもらえるの？

私はこれまでバイトしたり会社に勤めたりしてきました。三五歳女性で結婚もまだですが、将来が不安です。年金って、いったい何歳になったらもらえるのですか？

A 国民年金（老齢基礎年金）も、厚生年金（老齢厚生年金）も、原則六五歳からもらえます

老齢になって支給される老齢年金は、原則六五歳から支給されます。

【国民年金に入っている人】↓国民年金に二五年間加入すると原則六五歳から「**老齢基礎年金**」をもらえます。このほか、繰り上げ・繰り下げ制度があります。

【厚生年金に入っている人】↓厚生年金に一ヵ月以上入っている人は、国民年金に二五

年間加入していれば、「**老齢基礎年金**」と「**老齢厚生年金**」を原則六五歳からもらえます。

老齢厚生年金は加入期間や生年月日によっては、六〇歳からもらえる方がいます。

☆六〇歳～六四歳にもらえる厚生年金↓

「**特別支給の老齢厚生年金**」といいます。

性別と生年月日によって支給開始される年齢が異なります（P.32参照）。六五歳になるまで受給できます。「定額部分」（加入期間の長さ等に応じて額が決まる）と「報酬比例部分」（過去

〈加入している年金ともらえる年金〉

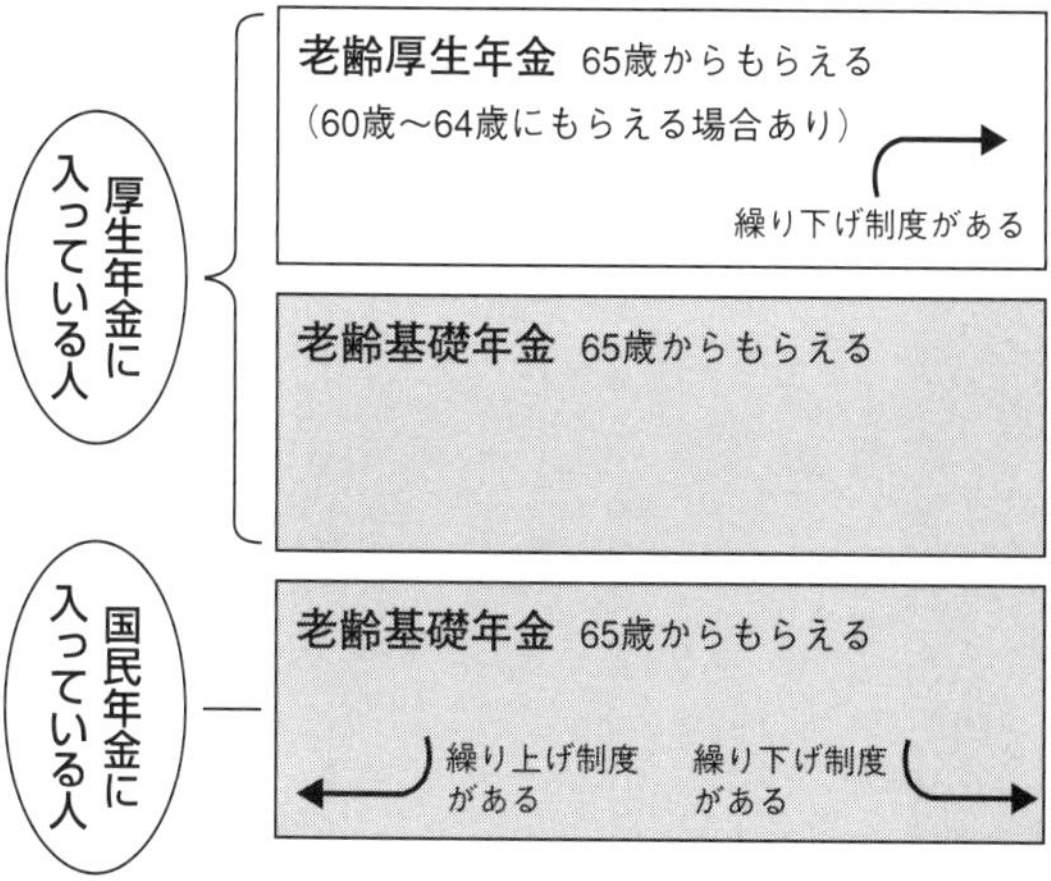
厚生年金に入っている人
老齢厚生年金　65歳からもらえる
（60歳～64歳にもらえる場合あり）
繰り下げ制度がある
老齢基礎年金　65歳からもらえる
国民年金に入っている人
老齢基礎年金　65歳からもらえる
繰り上げ制度がある
繰り下げ制度がある

の報酬等によって額が決まる）からなっています。

☆老齢基礎年金は繰り上げ・繰り下げの請求をした時に応じてそれぞれ減額率・増額率が決まります。この率は一生変わりません。

「繰り上げ」・六五歳になる前に年金をもらう↓もらえる年金は「減額」されます

「繰り下げ」・六六歳以降に年金をもらう↓もらえる年金が「増額」されます

☆繰り上げの手続きをした後には、障害基礎年金や寡婦年金を受給できません。

☆国民年金の任意加入をしているときは、繰り上げできません。

☆平成一九年四月から、「老齢厚生年金の繰下げ支給制度」がはじまりました。

老齢厚生年金についても、六六歳以降に増額して年金をもらうことができるようになりました。

Mr.年金のワンポイント・アドバイス

ご自分の年金加入歴を記録しておいたほうがいいでしょう。また、年金は「請求」しないともらえません！「裁定請求」の手続きをお忘れなく。

Q 年金で、「一階」「二階」って、なんのこと？

今春入社した新入社員です。私も入社と同時に厚生年金に加入しましたが、年金のことはよくわかりません。先輩や同僚と年金の話になると、よく「年金の一階部分」とか「二階」とかいいますが、いったいなんのことでしょうか？

A 国民年金が「一階」、厚生年金が「二階」です

国民年金は「**基礎年金**」といわれ、原則、日本国内にお住まいの二〇歳から六〇歳までのすべての人が加入します。自営業者の方などは、通常国民年金だけに入っているので、「一階」部分のみに加入していますが、あなたのように、会社員で厚生年金に加入している方の年金は、将来「国民年金（一階）」と「厚生年金（二階）」が受け取れる

「二階建て」になります。「二階」だけよりも多い年金保険料を支払いますが、その分将来もらえる年金も多くなります。

Mr. 年金のワンポイント・アドバイス

年金は将来の生活の大切な資金です。「一階」なのか「一階＋二階」なのかによっては、もらえる年金額が違いますので、ご自分がどの年金に加入しているかよく把握しておきたいものです。

〈年金制度の体系図〉

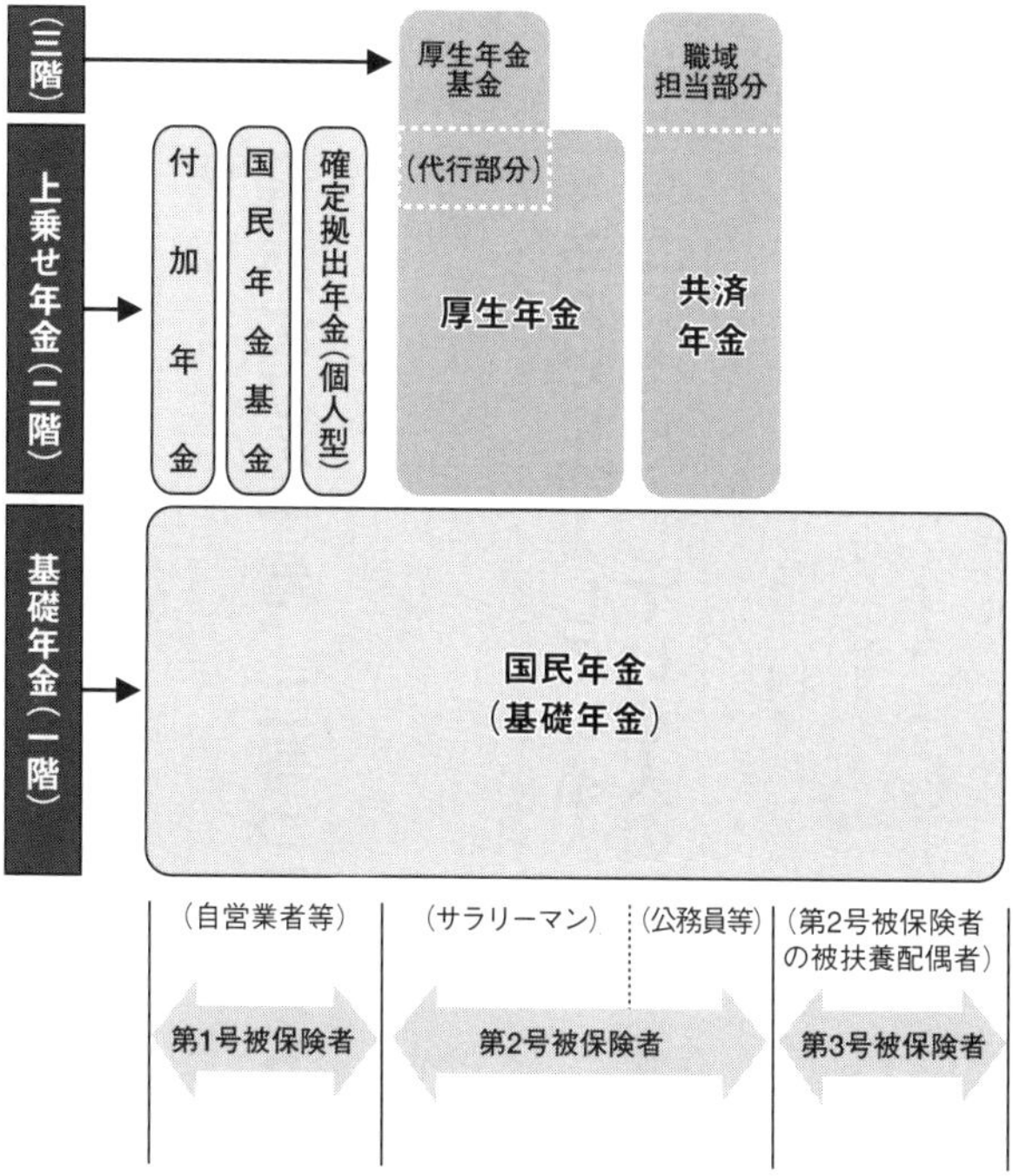
（三階）
上乗せ年金（二階）
基礎年金（一階）
厚生年金基金
職域担当部分
（代行部分）
付加年金
国民年金基金
確定拠出年金（個人型）
厚生年金
共済年金
国民年金
（基礎年金）
（自営業者等）
（サラリーマン）
（公務員等）
（第2号被保険者の被扶養配偶者）
第1号被保険者
第2号被保険者
第3号被保険者

QUESTION!

年金でよく話題になる一号、二号ってなに？

答え：国民年金だけに加入している人と厚生年金にも加入している人の区別です

一号とは「第一号被保険者」のことで、国民年金だけに加入している二〇歳以上六〇歳未満の自営業、農林水産業、学生などの方々です。二号とは「第二号被保険者」で厚生年金や共済組合に加入して給料天引きで保険料を払っている方々。さらに第二号被保険者に扶養されている二〇歳以上六〇歳未満の配偶者で年収一三〇万円未満の方は第三号被保険者で、三号の方は自分で保険料を納める必要はありませんが、将来老齢基礎年金を受給できます。

第一号被保険者

対　象：20歳以上60歳未満の自営業・農林水産業・学生などの人。

手続き：市区町村役場に届け出ます。

保険料：各自が納付します。
（平成20年度は月1万4410円）

第二号被保険者

対　象：民間会社の会社員（厚生年金に加入）や公務員等（共済組合に加入）。

手続き：勤め先で手続きを行います。

保険料：給料等から天引きされます。
（標準報酬月額等×保険料率を労使で折半）

第三号被保険者

対　象：第2号被保険者に扶養されている20歳以上60歳未満の配偶者で年収130万円未満の人。

手続き：配偶者の勤め先経由で届け出ます。
（健康保険の被扶養者届と一緒に申請します）

保険料：納付する必要はありません。

Q 一〇年間OLをして結婚、その後はずっと専業主婦です。どんな年金がもらえますか？

私は、昭和三〇年三月三日生まれです。一〇年ほど勤めて夫と結婚し、はや二〇年が経ちました。その間はずっと専業主婦をしておりました。私の年金はどうなるのでしょうか？　夫は会社員で、厚生年金に加入しています。

A 「老齢基礎年金＋老齢厚生年金」がもらえます

妻が加入していた厚生年金の期間は大切ですね。国民年金の保険料を滞納しない限り、厚生年金の加入が一ヵ月以上あれば、六五歳から「老齢基礎年金」に上乗せして「老齢厚生年金」がもらえます。

〈昭和30年3月3日生まれの妻の場合の年金〉

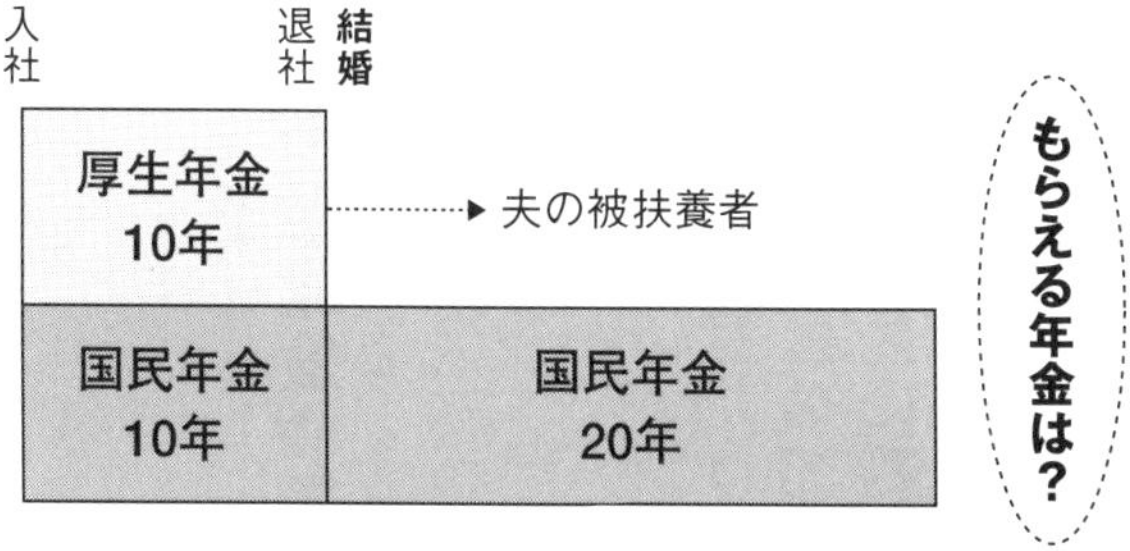
入社
退社
結婚
厚生年金
10年
夫の被扶養者
国民年金
10年
国民年金
20年
もらえる年金は？

老齢厚生年金を受給するには
①老齢基礎年金の受給資格期間（25年以上）を満たしている
②厚生年金の被保険者期間が1ヵ月以上ある
ことが必要です。

国民年金の被保険者期間（25年以上必要）
10年＋20年＝30年≧25年

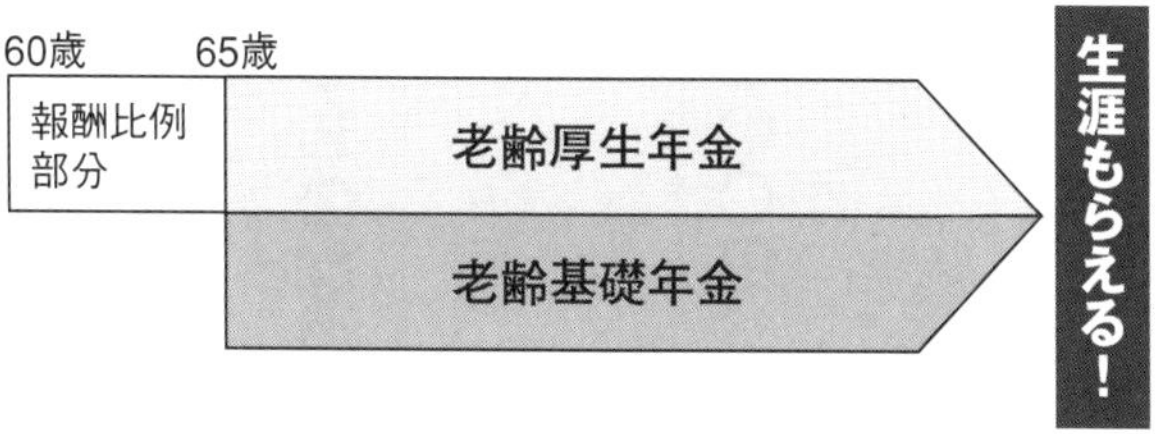
60歳
65歳
報酬比例
部分
老齢厚生年金
老齢基礎年金
生涯もらえる！

QUESTION!

結局、老齢年金ってどのくらいもらえるものなの？

あれこれ言われていますが、じつのところ、年金はどのくらいもらえるの？

答え：国民年金だけだと一人月約六万六〇〇〇円、厚生年金の加入期間があると、そのうえに約一〇万円が目安

国民年金は四〇年納めた場合、六五歳から月約六万六〇〇〇円の老齢基礎年金を受け取れます（平成二〇年度）。また、給与によっても違いますが、厚生年金に四〇年入っていた人の標準的な老齢厚生年金は月約一〇万円です（平成二〇年度の年金額）。専業主婦の妻の老齢基礎年金と合わせると、夫婦で六五歳からは約二三万円強が支給されます。

〈老後にもらえる年金額（月額）〉

国民年金だけに加入していた場合

夫		妻		夫婦
基礎年金 6万6008円	＋	基礎年金 6万6008円	＝	合　計 13万2016円

厚生年金の加入期間がある場合

夫			妻		夫婦
基礎年金 6万6008円	厚生年金 10万0576円	＋	基礎年金 6万6008円	＝	合　計 23万2592円

※なお、この年金額は平成20年度価格であり、実際は、今後の賃金や物価の状況に応じて変化（スライド）することになっています。

Q 会社員の夫と専業主婦の妻です。将来どんな年金がもらえる？

私は、専業主婦（五五歳）です。夫は、サラリーマン生活三七年（五九歳）で、来年定年となります。夫の定年退職後に私達夫婦がもらえる年金を教えてください。なお、子供は二人おりますが、二人とも大学卒業後独立して、家を出ていきました。

A 夫は「特別支給の老齢厚生年金」、「老齢基礎年金＋老齢厚生年金」、妻は「老齢基礎年金」を受給できます

夫（昭和二〇年一月一日生まれ・会社員）、妻（昭和二七年五月三日生まれ・専業主婦・厚生年金なし）の場合でみてみると次ページの図のようになります。妻が六五歳ま

では夫に、「特別支給の老齢厚生年金」に続いて老齢基礎年金と老齢厚生年金と加給年金が支給されます。妻が六五歳からは夫の加給年金はなくなりますが、夫の年金に加えて妻も老齢基礎年金と振替加算が受給できます。

Mr.年金のワンポイント・アドバイス

夫の退職後、妻は六〇歳まで自分で国民年金の保険料を支払う必要があります。お住まいの市区町村役場で手続きをします。

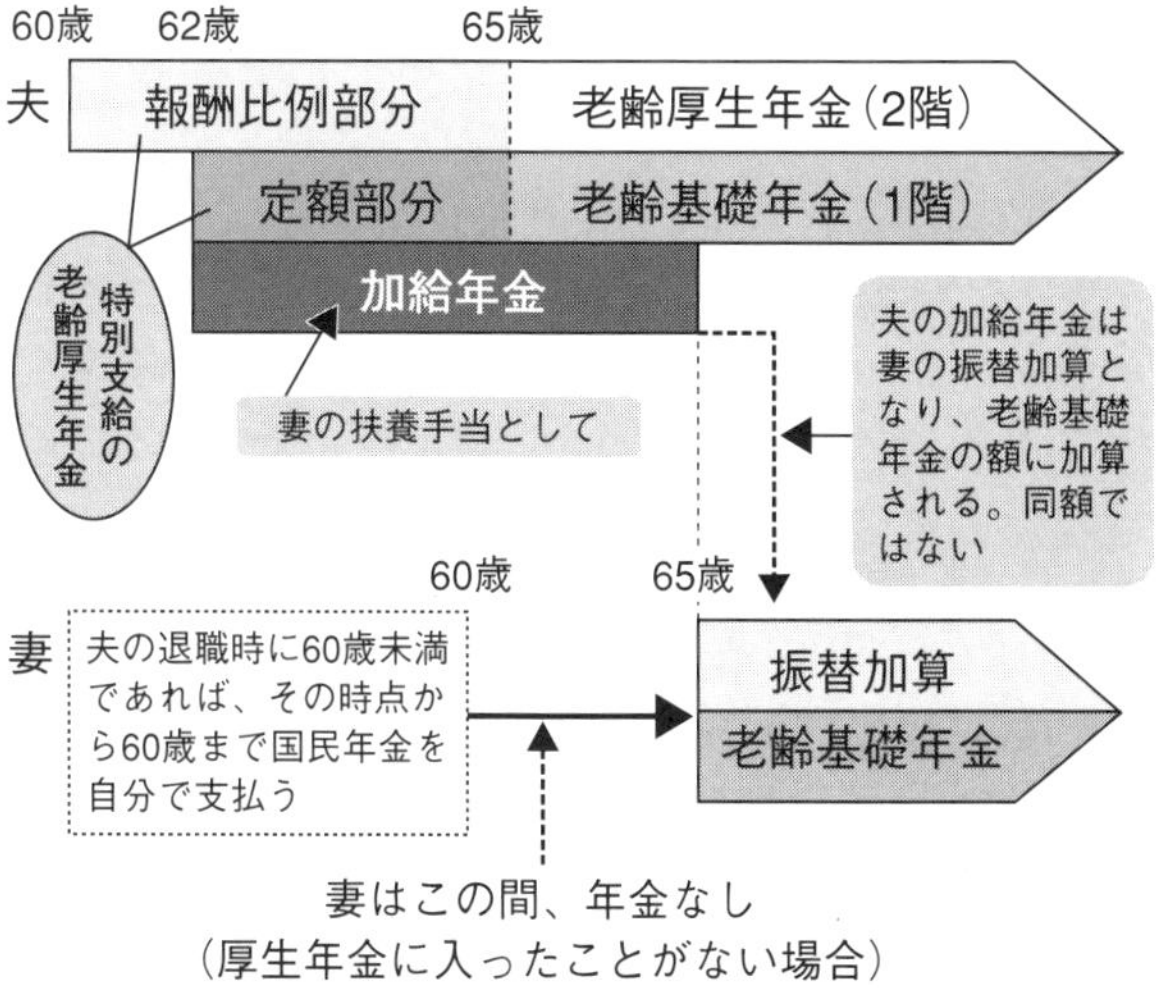
60歳
62歳
65歳
夫
報酬比例部分
老齢厚生年金(2階)
定額部分
老齢基礎年金(1階)
加給年金
特別支給の老齢厚生年金
妻の扶養手当として
夫の加給年金は妻の振替加算となり、老齢基礎年金の額に加算される。同額ではない
60歳
65歳
妻
夫の退職時に60歳未満であれば、その時点から60歳まで国民年金を自分で支払う
振替加算
老齢基礎年金
妻はこの間、年金なし
(厚生年金に入ったことがない場合)

〈特別支給の老齢厚生年金の支給開始年齢一覧表〉

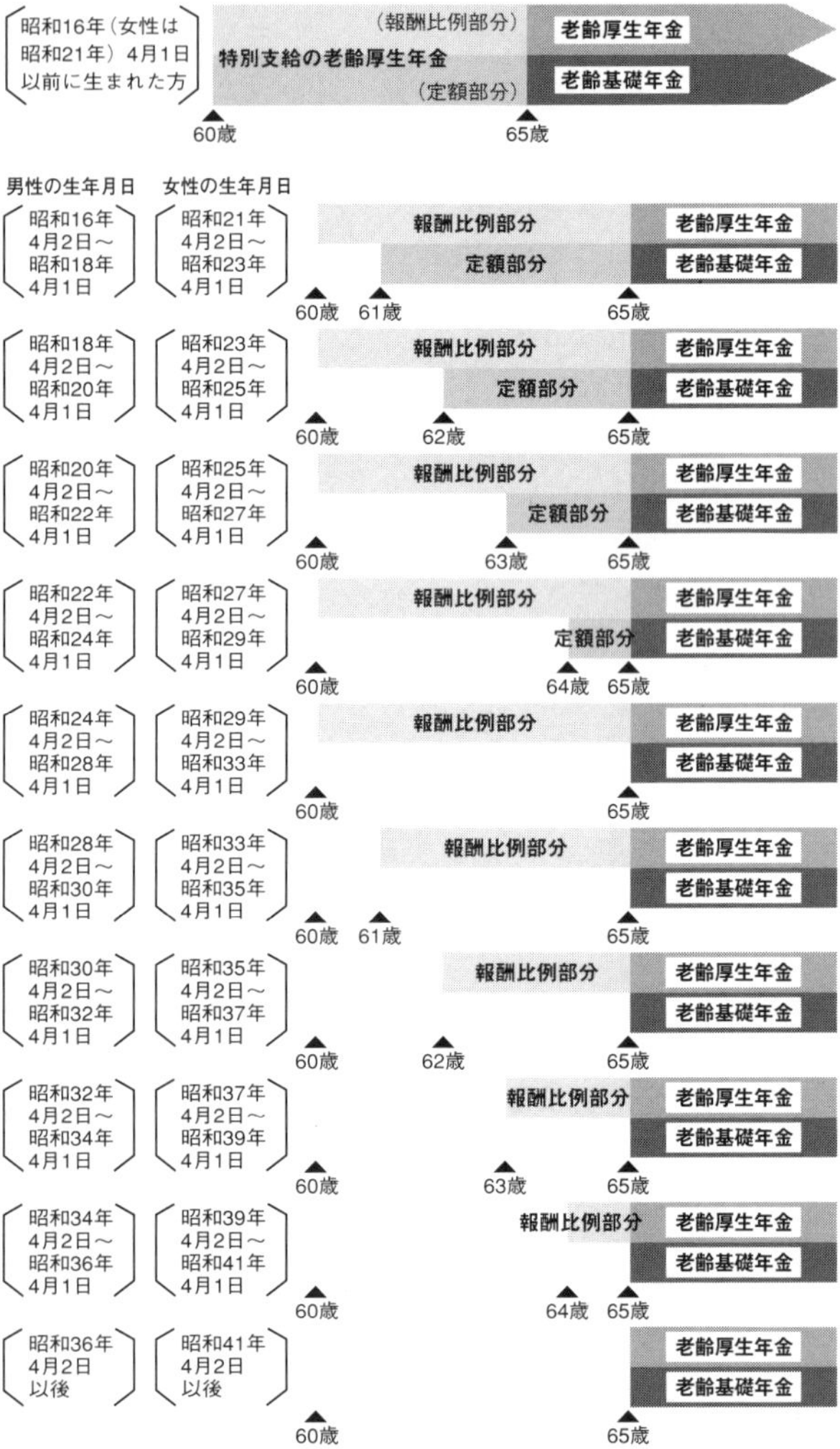
昭和16年（女性は昭和21年）4月1日以前に生まれた方
（報酬比例部分）
特別支給の老齢厚生年金
（定額部分）
老齢厚生年金
老齢基礎年金
60歳
65歳
男性の生年月日
女性の生年月日
昭和16年4月2日～昭和18年4月1日
昭和21年4月2日～昭和23年4月1日
報酬比例部分
定額部分
老齢厚生年金
老齢基礎年金
60歳 61歳 65歳
昭和18年4月2日～昭和20年4月1日
昭和23年4月2日～昭和25年4月1日
報酬比例部分
定額部分
老齢厚生年金
老齢基礎年金
60歳 62歳 65歳
昭和20年4月2日～昭和22年4月1日
昭和25年4月2日～昭和27年4月1日
報酬比例部分
定額部分
老齢厚生年金
老齢基礎年金
60歳 63歳 65歳
昭和22年4月2日～昭和24年4月1日
昭和27年4月2日～昭和29年4月1日
報酬比例部分
定額部分
老齢厚生年金
老齢基礎年金
60歳 64歳 65歳
昭和24年4月2日～昭和28年4月1日
昭和29年4月2日～昭和33年4月1日
報酬比例部分
老齢厚生年金
老齢基礎年金
60歳 65歳
昭和28年4月2日～昭和30年4月1日
昭和33年4月2日～昭和35年4月1日
報酬比例部分
老齢厚生年金
老齢基礎年金
60歳 61歳 65歳
昭和30年4月2日～昭和32年4月1日
昭和35年4月2日～昭和37年4月1日
報酬比例部分
老齢厚生年金
老齢基礎年金
60歳 62歳 65歳
昭和32年4月2日～昭和34年4月1日
昭和37年4月2日～昭和39年4月1日
報酬比例部分
老齢厚生年金
老齢基礎年金
60歳 63歳 65歳
昭和34年4月2日～昭和36年4月1日
昭和39年4月2日～昭和41年4月1日
報酬比例部分
老齢厚生年金
老齢基礎年金
60歳 64歳 65歳
昭和36年4月2日以後
昭和41年4月2日以後
老齢厚生年金
老齢基礎年金
60歳 65歳

Q 扶養家族がいるともらえる厚生年金がふえるの？

会社勤めをしてもう四〇年。はやいもので、今年から厚生年金をもらえるようになりました。ずっと仕事をともにしてきた会社の同僚も同じく厚生年金をもらいはじめました。でも、同僚がもらっている年金は、私よりもずっと多いのです。どうしてですか？彼は、「だって、僕にはまだ若い奥さんと子供がいるのだからね！」と言っていました。私はいままで独身のままずっと過ごしてきました。彼とは同期入社で、給料も同じだったのですが……。

A 扶養している配偶者や子がいる人には、「加給年金」が加算されます

厚生年金の被保険者期間が原則二〇年以上ある方が、「老齢厚生年金」の「定額部分」をもらえるようになると、その方に生計を維持されている配偶者（六五歳未満）・子（一八歳になった年度の末日までの子または一級・二級の障害の状態にある二〇歳未満の子）がいる場合に加給年金が支給されます。いわゆる「扶養手当」であり、厚生年金の制度で、国民年金にはありません。

なお、配偶者が老齢基礎年金のほかに老齢厚生年金を受けている場合で、厚生年金の加入期間が原則二四〇月（二〇年）以上で、六〇歳以降に老齢厚生年金を受給するようになった場合には加給年金は支給されません。

【振替加算】

加給年金の対象となっている配偶者が六五歳になり、自分の老齢基礎年金をもらえるようになった場合は加給年金は打ち切られま

〈加給年金額（平成20年度）〉

配偶者		22万7900円
子		
1人目・2人目	一人につき	22万7900円
3人目から	一人につき	7万5900円

☆配偶者の特別加算

さらに老齢厚生年金を受給している方の生年月日に応じて、配偶者の加給年金額にプラスして3万3600円～16万8100円が特別加算されます。

す。この時、配偶者が一定の条件を満たしていれば、配偶者の老齢基礎年金に一定額が加算されます。これを「振替加算」といいます。

「振替加算」されるかどうかやその金額は配偶者の生年月日によって異なり、昭和四一年四月一日までに生まれた方のみ、加算額があります。昭和四一年四月一日生まれの場合、年額一万五三〇〇円です。

Mr.年金のワンポイント・アドバイス

扶養している人がいるかどうかでもらえる年金額も異なります。加給年金の対象となる配偶者については年収制限があります（年収が八五〇万円以上で一定の条件を満たす場合には支給されません）。

〈例〉　夫（62歳）　特別支給の老齢厚生年金を受給
　　　　妻（60歳）　夫の被扶養者

妻が64歳まで「加給年金」…………「夫」の年金にプラスされる
妻が65歳になると「振替加算」……「妻」の年金にプラスされる

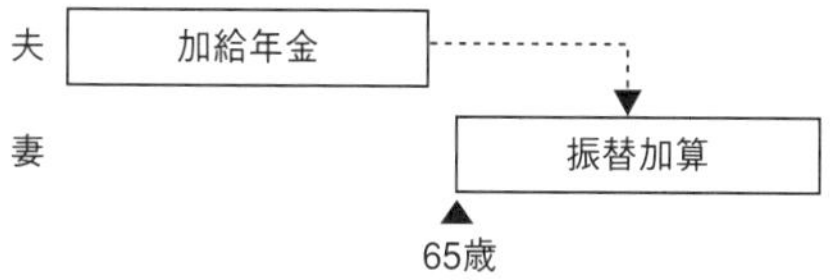

QUESTION!

年金ってもらえるのは遠い先のことなのに保険料を払わないといけないの?

夫婦とも二〇代で子育てに追われていると、家計が大変。年金って、遠い先のことのように思えますが、払わないといけないのでしょうか?

答え:年金には、老後の老齢年金だけではなく、若くても支払われる障害年金、遺族年金もあります

保険料を払わないと万一の保障もありません。遠い先の老齢年金だけではなく、万一のことがあったときは障害年金や遺族年金も支給されます。

日本に住む二〇歳以上六〇歳未満の人は全員国民年金に加入しなくてはなりません。

サラリーマンの方は会社で国民年金と厚生年金に入っている形になります。

〈大きく分けて3種類の年金給付〉

老齢年金

65歳になると、国民年金から「老齢基礎年金」を終身受け取ることができます。

厚生年金に加入している場合は「老齢厚生年金」が上乗せされます。

障害年金

病気やけがで障害が残ったとき、国民年金から「障害基礎年金」を受け取ることができます。

厚生年金に加入している場合は「障害厚生年金」が上乗せされます。

遺族年金

一家の働き手が亡くなったとき、国民年金から「遺族基礎年金」を受け取ることができます。

亡くなった人が厚生年金に加入していた場合は「遺族厚生年金」が上乗せされます。

Q　リストラで家計が大ピンチ！　保険料が払えない。どうする？

夫が昨年、突然リストラされました。なかなか再就職先も決まらず、子供が生まれたばかりで家計は大ピンチです。夫が再就職するまでは、国民年金に加入して夫と私の二人分の保険料を支払わなければならないなんて！　とても払えません。どうしたらいいのでしょうか？

A　免除（全額・一部）を申請しましょう

「未納」はだめ！　「免除」はＯＫ！

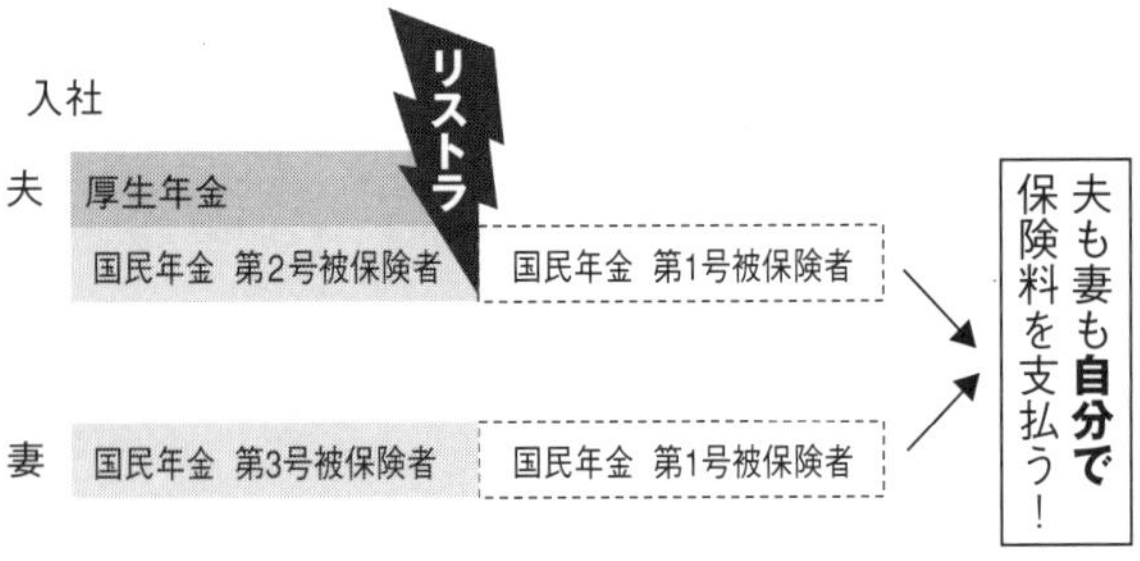
入社
リストラ
夫
厚生年金
国民年金　第2号被保険者
国民年金　第1号被保険者
妻
国民年金　第3号被保険者
国民年金　第1号被保険者
夫も妻も**自分で**保険料を支払う！

保険料を「未納」のままにすると、将来年金を受け取るときの加入期間にカウントされません。これでは年金をもらえなくなることもありえます。「免除」なら、将来の年金額は減りますが、加入期間にはカウントされます。「未納」ではなく、「免除」を申請してピンチをきりぬけましょう！　ご主人の再就職先も決まって家計に余裕ができたら、一〇年以内であれば「追納」することもできます。

また、いざ！というときには、「遺族」年金、「障害」年金の保障があります。ご主人が万一の時には、「遺族基礎年金」が支払われます。未納期間があると支払われない場合がありますから、ご注意ください。

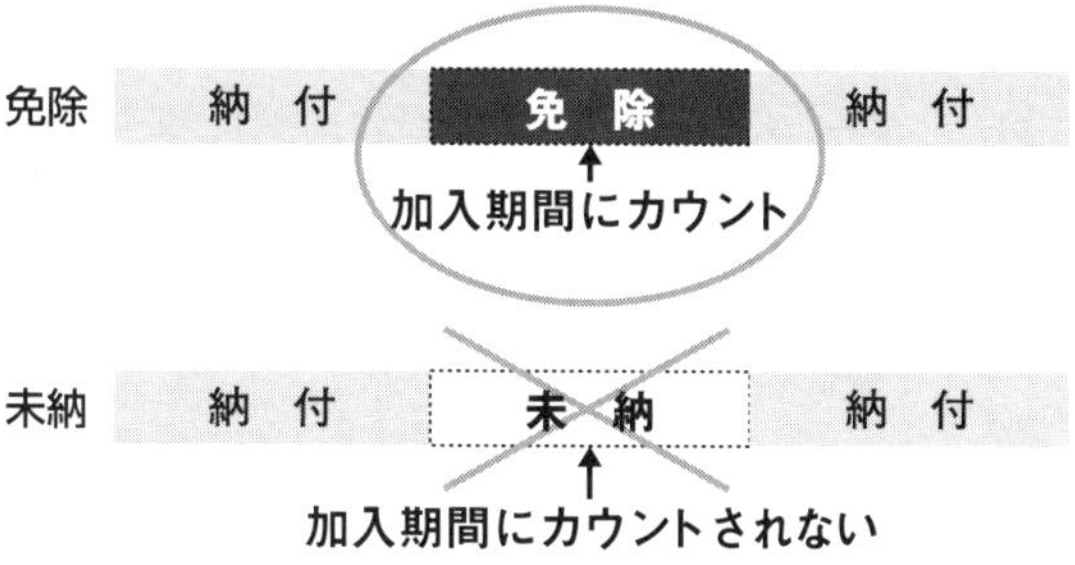

Q 大学生の息子の年金も払うの？ 現在仕送りで精一杯です！

息子は、上京して大学に通っています。もうすぐ二〇歳になりますが、どうしても国民年金の保険料を支払わなければならないのでしょうか？　息子の学費や生活費の仕送りで、家計は精一杯です！　これ以上、国民年金の保険料を支払うのはとても大変です。

A 二〇歳以上の学生なら学生納付特例制度を利用できます

日本に住むすべての人は、二〇歳になったら国民年金の保険料の納付が義務づけられています。ただし、大学や短大、専門学校などに在学している二〇歳以上の学生については在学中の保険料の納付が猶予される「学生納付特例制度」が利用できます。
審査基準がありますが、学生本人の所得のみでＯＫです。親の所得は問いません。
所得基準（平成一九年度）
一一八万円＋扶養親族等の数×三八万円＋社会保険料控除等
社会人になったら、追納（一〇年以内）ができます。

Mr. 年金のワンポイント・アドバイス

未納（滞納）にしないでください。万一、バイクや車の事故などで障害を負った場合、「未納」では障害年金をもらえません。きちんと申請しておきましょう。

Q 現在、育児休業中です。ワーキング・マザーの年金はどうなるの?

子供を出産して、三ヵ月になりました。現在は育児休業中です。厚生年金の保険料が免除されています。私の年金はどうなりますか?

A 将来の年金は、不利になりません(保険料を払ったものとして計算されます)

育児休業期間中の厚生年金保険料は事業主の申し出により、本人負担分のほか事業主分についても、育児休業を開始した日の属する月から、育児休業が終了した日の翌日の属する月の前月まで、保険料は徴収されません。

なお、「育児休業保険料免除申請書」の提出が必要です。

Mr. 年金のワンポイント・アドバイス

育児休業中なら、申請して保険料免除を受けましょう。子供が三歳になるまでOKです。厚生年金の保険料を支払っていなくとも、将来の年金は減額されません。

Q 平成一九年の年金制度の改正でなにが変わったの?

平成一九年度に、年金制度が大きく変わったと聞きました。専業主婦の私にも影響がありますか。夫は会社員で、厚生年金に入っています。

A 離婚後の厚生年金、夫の死亡後の遺族年金の制度が変わりました

主婦の方々にも、大きく影響する改正がありました。次のように四つの大きなポイントがあり、その他にもいくつかの改正がありました。

1. 離婚時の厚生年金の分割制度の導入

2. 遺族厚生年金制度の見直し

①夫の死亡時に一八歳未満（一八歳になった年度の末日までまたは一定の障害の状態にある場合は二〇歳まで）の子を養育していない三〇歳未満の妻等　五年間に限り、遺族厚生年金が支給されます（子を養育しなくなったときに妻が三〇歳未満の場合には、その時点から五年間）。

②遺族厚生年金に加算される中高齢寡婦加算　これまでは三五歳以上でしたが、平成一九年四月一日以降は、夫の死亡時に四〇歳以上の妻が支給対象となりました。

③夫が死亡した妻の遺族厚生年金　妻自身の老齢厚生年金が優先して全額支給され、遺族厚生年金との差額を受給することとなりました。

3．六五歳以降の老齢厚生年金の繰り下げ支給制度の導入

4．七〇歳以上の働く高齢者に在職老齢年金制度の適用

Mr．年金のワンポイント・アドバイス

離婚時の年金分割の他にも、大きな改正がありました。特に女性の方には、大きな改正です。年金の額は、将来の生活費にも大きな影響がありますから、注目したいですね。

QUESTION!

離婚による年金分割制度が開始されて離婚がふえているの？

年金分割制度以後、離婚がふえていますか？

答え：ふえた

平成一九年四月の離婚件数が前年同月より、一三四九組（六・一％）増の二万三三五五組となったことが、厚生労働省の人口動態統計の速報で明らかになりました（平成一九年六月二四日新聞報道）。厚生労働省は、「今年四月にスタートした、離婚時の厚生年金分割制度が影響したのではないか?」と分析しています。定年に合わせて離婚を突きつけられるお父さんは、ますますふえそうだとしています。しかし、「分割後の妻の年金の額はそう多くはないので、決してバラ色とは限らない」という意見も多いようです。平成一九年四月の年金分割請求は、全国で二九三件、相談だけでも約一万二〇〇〇件寄せられているそうです。

離婚による年金分割はできますが、生活するためにはその年金だけでは足りないと思います。場合によっては、夫婦で再度話し合うのもよろしいのではないでしょうか。

Q 離婚しても年金がもらえるって本当なの？

私は、一度も勤めた経験がないまま結婚した五〇歳の主婦です。もし、いま離婚したら、私の生活はどうなるのでしょうか？　離婚しても年金がもらえるって本当ですか？

A もらえます

いよいよ離婚による年金分割が、はじまりました！　平成一九年四月からの離婚による年金分割では、一度もお勤めの経験のない（厚生年金に加入したことのない）専業主婦の方でも、夫婦の婚姻期間中の厚生年金の保険料納付記録の五〇％を上限として、二人で分割できるようになりました。分割された年金は、離婚してすぐにはもらえませんが、ご自分の年金を受け取れるようになれば、合わせてもらえます。離婚後、ご主人が亡くなったとしても、分割された年金は、そのまま受け取ることができます。詳しくは、社会保険事務所や社会保険労務士にご相談ください。

Mr.年金のワンポイント・アドバイス

専業主婦の内助の功が、やっと認められるようになりましたね！　離婚した日の翌日から二年間の請求期限を忘れないようにしてください。

Q 新しい年金の分割方法は？（離婚による年金分割）

平成一九年四月一日からは離婚すると「夫の厚生年金を妻と分割できる」と聞きましたが、どのような内容でしょうか。

A 「夫＋妻の保険料納付記録合計」を最大半分に分割できます

①［合意分割］平成一九年四月一日以後に離婚する場合、婚姻期間中の厚生年金の保険料納付記録（夫婦の合計）について、五〇％を上限として二人で分割することができるようになりました。

ただし、年金分割は、あくまでも厚生年金や共済年金の報酬比例部分（二階部分）に限られ、一階部分の基礎年金等（国民年金等）、三階部分の厚生年金基金の上乗せ給付や確定給付企業年金等の給付は分割されません。

また、原則として、離婚をした日の翌日から二年以内に年金分割の請求をする必要があり、分割割合は当事者間で協議します。必要書類を添付して、社会保険事務所へ提出し、当事者間で合意がなされない場合は、裁判で按分割合を決めます。

事実上婚姻関係にある人も対象になりますが、その場合、分割の対象となるのは、当事者の一方が被扶養配偶者として国民年金法上の第三号被保険者と認定されていた期間に限られます（平成一九年四月からの離婚時の厚生年金の分割制度）。

② ［三号分割］平成二〇年四月一日からの「離

〈［3号分割］のイメージ図〉

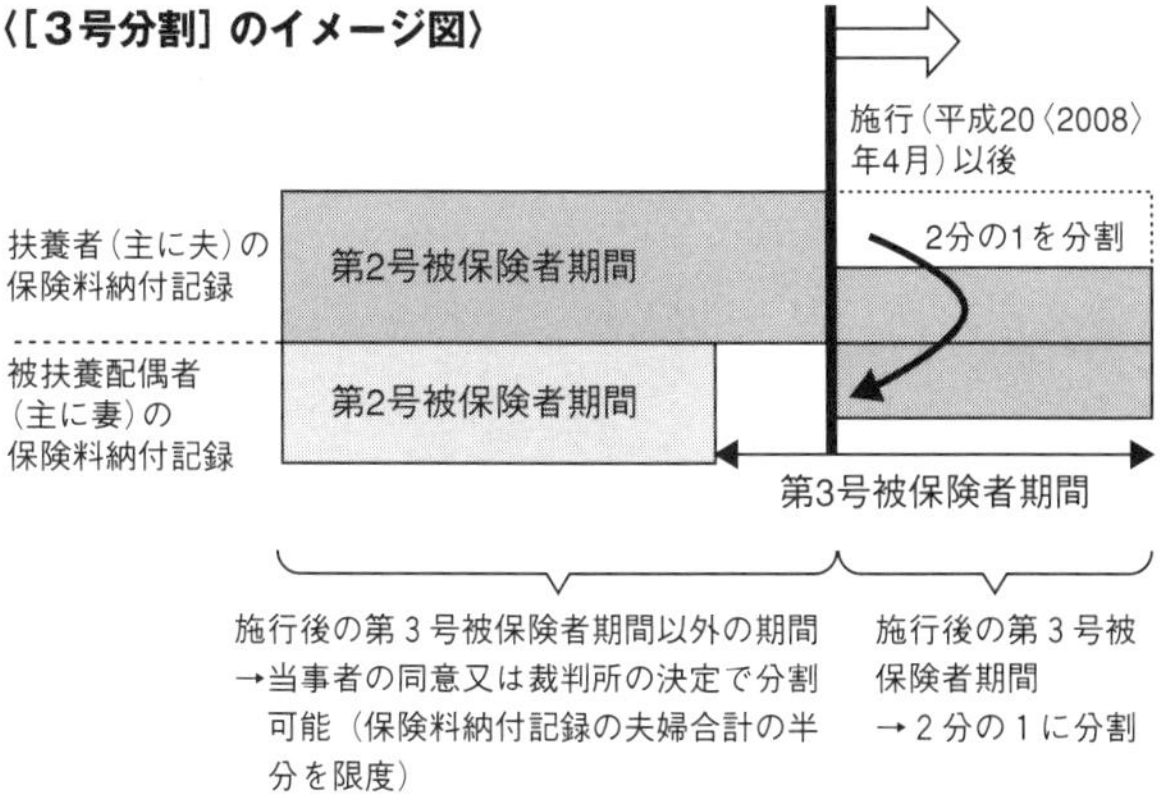
施行（平成20〈2008〉年4月）以後
扶養者（主に夫）の保険料納付記録
第2号被保険者期間
2分の1を分割
被扶養配偶者（主に妻）の保険料納付記録
第2号被保険者期間
第3号被保険者期間
施行後の第３号被保険者期間以外の期間
→当事者の同意又は裁判所の決定で分割可能（保険料納付記録の夫婦合計の半分を限度）
施行後の第３号被保険者期間
→２分の１に分割

婚時の第三号被保険者期間の厚生年金の分割制度」では、平成二〇年四月一日以降の第三号被保険者期間について、当事者の一方からの請求により厚生年金の保険料納付記録の五〇％を自動的に分割できるようになりました。

Mr.年金のワンポイント・アドバイス

妻が夫から分割を受けても、自分が年金を受けられる年齢になるまではもらえません。また、妻も最低二五年以上国民年金の加入期間を満たしていなければ、せっかく分割の決定を受けてももらえないので、ご自分の加入期間をチェックしてください。

Q 夫はずっと自営業。離婚したら、私も夫の年金の半分をもらえますか!?

夫はずっと自営業です。離婚したら年金の分割ができると聞きましたが、私の場合も半分もらえますか？　私は専業主婦です。

A 離婚による年金分割は、厚生年金と共済年金だけ！国民年金だけでは、年金分割はできません

ご主人はずっと自営業とのことなので、国民年金の第一号被保険者になります。離婚による年金分割は、厚生年金と共済年金だけです。ご主人のように国民年金だけの場合は離婚による年金分割はありません。

自分の国民年金には、しっかり加入しましょう。

〈離婚による年金分割〉

厚生年金や共済年金の報酬比例部分だけ！

国民年金だけでは、
年金分割は**ない！**

↓

自分の国民年金だけでも
しっかり加入しよう！

年金分割でも、
妻自身、原則25年以上の
国民年金加入期間が必要

Mr. 年金のワンポイント・アドバイス

年金分割でも、妻自身の年金加入期間が、原則25年以上であることが必要です。25年に満たないと、せっかく年金分割をしても、年金を受け取れないことがあります。

Q 母の私が息子の遺族厚生年金をもらえるの？

会社員の息子（長男）が五〇歳の若さで、突然亡くなりました。息子は一〇年前に離婚し、子供（孫）が二人おりますが、二人とも成人し、それぞれ家庭をもち独立しています。息子と同居しているのは、私（七五歳）一人で、息子の扶養家族になっていました。息子の会社は厚生年金に加入しているのですが、遺族厚生年金が出たら、母である私がもらえるのでしょうか？　また、相続税はどうなりますか？　なお、私には夫がなく、収入は、自分の国民年金をもらっているだけです。

A 母は息子の遺族厚生年金をもらえます

あなたが息子さんに扶養されていた場合は、亡くなられた息子さんの遺族厚生年金を

もらうことができます。もらえる人は、亡くなった人と生計維持関係にある、

①子のある妻
②子（一八歳の誕生日の属する年度の年度末を経過していない者、または二〇歳未満で一級・二級の障害者）
③子のない妻
④五五歳以上の夫
⑤五五歳以上の父母
⑥孫（一八歳の誕生日の属する年度の年度末を経過していない者、または二〇歳未満で一級・二級の障害者）
⑦五五歳以上の祖父母

です。

最も優先順位の高い①から受給権を得ます。ご質問の場合には、亡くなられた息子さんには子がありますが、一八歳以上のため、受給できません。次順位の母が遺族厚生年

金を受給できます。なお、五五歳以上の祖父母にも受給権はあります。実際の支給は六〇歳から開始されます。

Mr.年金のワンポイント・アドバイス

「遺族厚生年金をもらえるのは、妻と子だけ」だと思って請求しなかった！　ということがないようにしてください。

QUESTION!
サラリーマンの妻と自営業の妻。もらえる遺族年金の額は同じ？

私の夫はサラリーマンです。妹の夫は独立して個人でパン屋さんをはじめました。私も妹もまだ子供が小さいので、専業主婦です。万一、夫が亡くなったときの年金は、私も妹も同じだけもらえるのでしょうか？

答え：ちがう

同じ妻という立場でも、夫の加入している年金の種類によって、もらえる年金額は随分ちがってきます。

〈もらえる年金（妻・子1人の場合）〉

	姉	妹
厚生年金	**遺族厚生年金** 夫の老齢厚生年金（報酬比例部分）の年金額の3/4	姉はプラスされる！
国民年金	**遺族基礎年金** 妻79万2100円＋子22万7900円＝102万円（平成20年度年額）	**遺族基礎年金** 妻79万2100円＋子22万7900円＝102万円（平成20年度年額）
夫	（サラリーマン 国民年金の第2号被保険者）	（自営業 国民年金の第1号被保険者）

月額8万5000円で同じ

Q もらえる遺族年金はどれ？（夫が会社員の妻）

夫は会社員（厚生年金加入中・二〇年）です。夫が死亡したら、どの年金がもらえますか？

A 「子」のある、なし、妻の年齢で違います

「遺族厚生年金」がもらえますが、さらに「子」のある人は「遺族基礎年金」、「子」がなくても四〇歳以上の妻は「中高齢寡婦加算」がプラス支給されます。

〈遺族の年金（夫が会社員の場合）〉

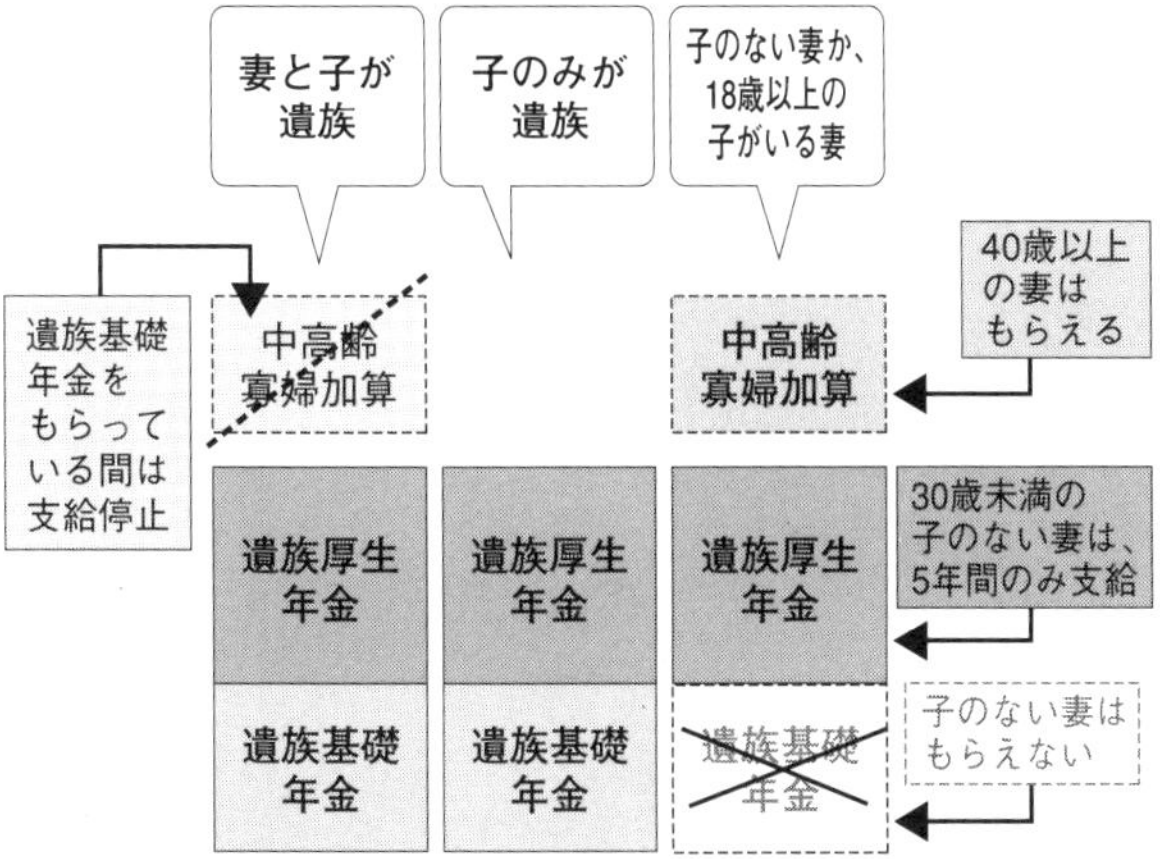
妻と子が遺族
子のみが遺族
子のない妻か、18歳以上の子がいる妻
遺族基礎年金をもらっている間は支給停止
中高齢寡婦加算
中高齢寡婦加算
40歳以上の妻はもらえる
遺族厚生年金
遺族厚生年金
遺族厚生年金
30歳未満の子のない妻は、5年間のみ支給
遺族基礎年金
遺族基礎年金
遺族基礎年金
子のない妻はもらえない

「子」とは、夫の死亡時に、生計を同じくしている
①18歳になった年度の年度末までの子
または
②20歳未満で１級または２級の障害の状態にある子
をいいます。

Q 主人は二〇年以上会社に勤め、妻の私はずっと専業主婦です。主人が亡くなったら年金はもらえますか？

主人は会社で厚生年金に加入して二〇年以上経ちます。私たち夫婦は、主人が今の会社に入社するのとほぼ同時に結婚しました。それからずっと、専業主婦（四五歳）です。妻の私は、何の年金保険料も払わずに、今日まで暮らしています。二人の子どもも無事に成人しましたが、もし、主人が亡くなった場合は、年金から何かもらえますか？

また、もしもらえるとして、年金には税金がかかるのでしょうか？

A 「遺族厚生年金＋中高齢寡婦加算」がもらえます！遺族年金は非課税です

遺族厚生年金がもらえます（所得税は非課税です）。
①厚生年金加入中の夫の死亡のため、遺族厚生年金が支給されます。
②中高齢寡婦加算が支給されます（厚生年金に加入中の夫が死亡＋四〇歳以上の妻であるため）。
③遺族基礎年金は、支給されません（子が一八歳以上のため）。

Mr.年金のワンポイント・アドバイス

子がいない・子が一八歳以上である妻には遺族基礎年金がありません。中高齢寡婦加算は、四〇歳以上の妻に、六五歳になるまで支払われます。現在、年間五九万四二〇〇円です。

遺族厚生年金

夫：会社員（50歳・20年以上厚生年金加入中）
妻：専業主婦（45歳・夫の被扶養者）
子：長男（22歳）、長女（20歳）

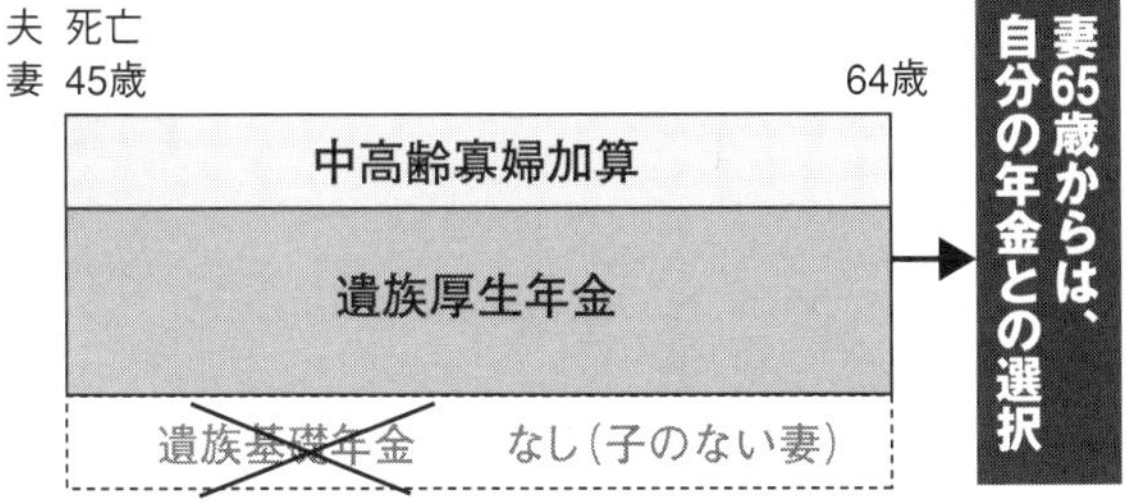
夫 死亡
妻 45歳
64歳
中高齢寡婦加算
遺族厚生年金
遺族基礎年金
なし(子のない妻)
妻65歳からは、自分の年金との選択

Q 結婚したばかりの二九歳の主婦で、子供はいません。もし夫が亡くなったら、年金はもらえますか？

私は、結婚したばかりの二九歳の妻です。専業主婦で子供はまだです。夫はサラリーマンですが、もし、いま夫が亡くなったら、私は年金をもらえますか？　夫は厚生年金に加入（加入期間八年）しており、私は夫の被扶養者になっています。

A 五年間だけ遺族厚生年金がもらえます

専業主婦の方でも遺族厚生年金がもらえます。

平成一九年度の改正で、若齢期の妻の遺族厚生年金が見直されました。

夫の死亡時に、

①三〇歳未満で、子を養育していない妻の遺族厚生年金については、五年間の期限付きの給付とされました。
②中高齢寡婦加算は支給されません（中高齢寡婦加算は死亡した夫が二〇年以上厚生年金に加入していた四〇歳以上の妻が対象）。
③遺族基礎年金は支給されません（子がないため）。

Mr．年金のワンポイント・アドバイス

三〇歳未満で、まだお子さんがいない若い女性は、働いて自分の生活を築いてくださいということですね。

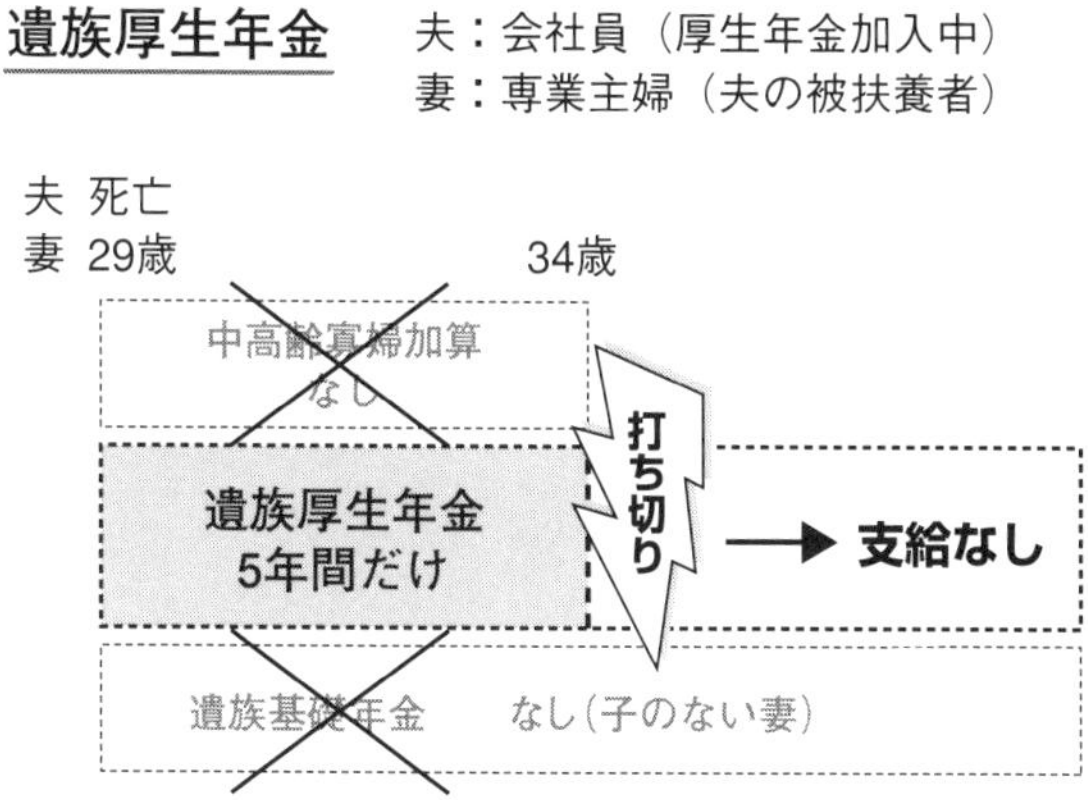
遺族厚生年金
夫：会社員（厚生年金加入中）
妻：専業主婦（夫の被扶養者）
夫 死亡
妻 29歳
34歳
中高齢寡婦加算
なし
遺族厚生年金
5年間だけ
打ち切り
支給なし
遺族基礎年金
なし(子のない妻)

Q もらえる遺族年金はどれ？（夫が自営業の妻）

夫は自営業（国民年金加入中・二〇年）です。厚生年金加入歴はなく、ずっと国民年金だけです。夫が死亡したら、どの年金がもらえますか？

A 「遺族基礎年金」か「寡婦年金」か「死亡一時金」が受給できます

一定の条件がつきますが、寡婦年金か死亡一時金が出ます。

〈遺族の年金（夫が自営業）〉

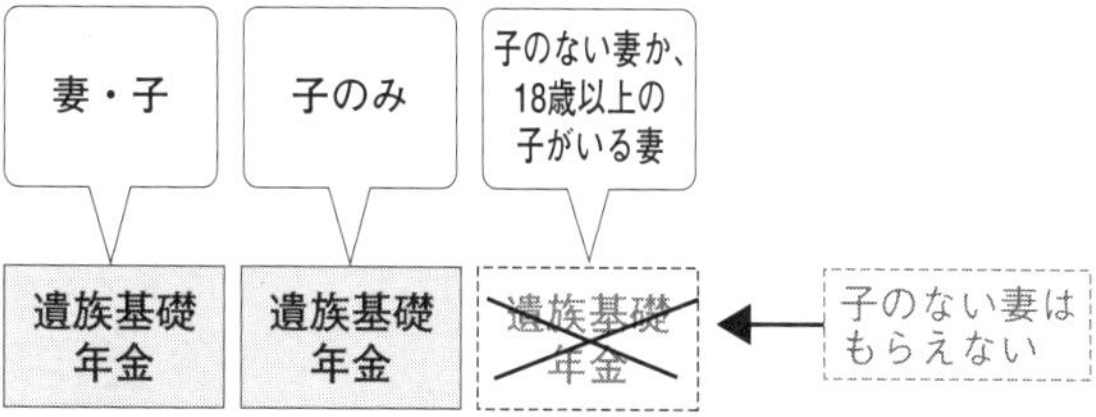
妻・子
子のみ
子のない妻か、18歳以上の子がいる妻
遺族基礎年金
遺族基礎年金
遺族基礎年金
子のない妻はもらえない

寡婦年金

夫が65歳から受給できたはずの老齢基礎年金額の¾

①死亡した夫が国民年金の第１号被保険者として、保険料納付済期間と保険料免除期間の合計が25年以上
②死亡した夫が、老齢基礎年金等を受けずに死亡した場合
③死亡した夫に生計維持されていた婚姻期間10年以上の65歳未満の妻に、60歳から65歳になるまで支給

or

死亡一時金

12万～32万円

遺族基礎年金も寡婦年金ももらえない人に支給
①死亡した夫が国民年金の第１号被保険者として保険料を３年以上納め
②老齢基礎年金、障害基礎年金のいずれも受けていない場合で、生計を同じくしていたとき

「子」とは、夫の死亡時に、生計を同じくしている
①18歳になった年度の年度末までの子
または
②20歳未満で１級または２級の障害の状態にある子
をいいます。

Q 個人事業者・国民年金加入中の遺族年金はどうなりますか？

私（三八歳）の夫（四七歳）は開業医で、現在国民年金に加入しています。二年前、某大学病院の勤務医を退職し、都内でクリニックを開設しました。夫の他に従業員は、看護師一人、受付一人と経理の私です。皆、国民年金に加入しております。私達夫婦の子供は、九歳と七歳の女の子です。もし、夫が亡くなったら、私たちは遺族厚生年金をもらえるのでしょうか？　夫は勤務医の時に一八年間厚生年金に加入していました。

A 遺族厚生年金はもらえない。遺族基礎年金のみ

あと五年たたないと、夫の一八年間分の厚生年金は遺族厚生年金に反映されません。

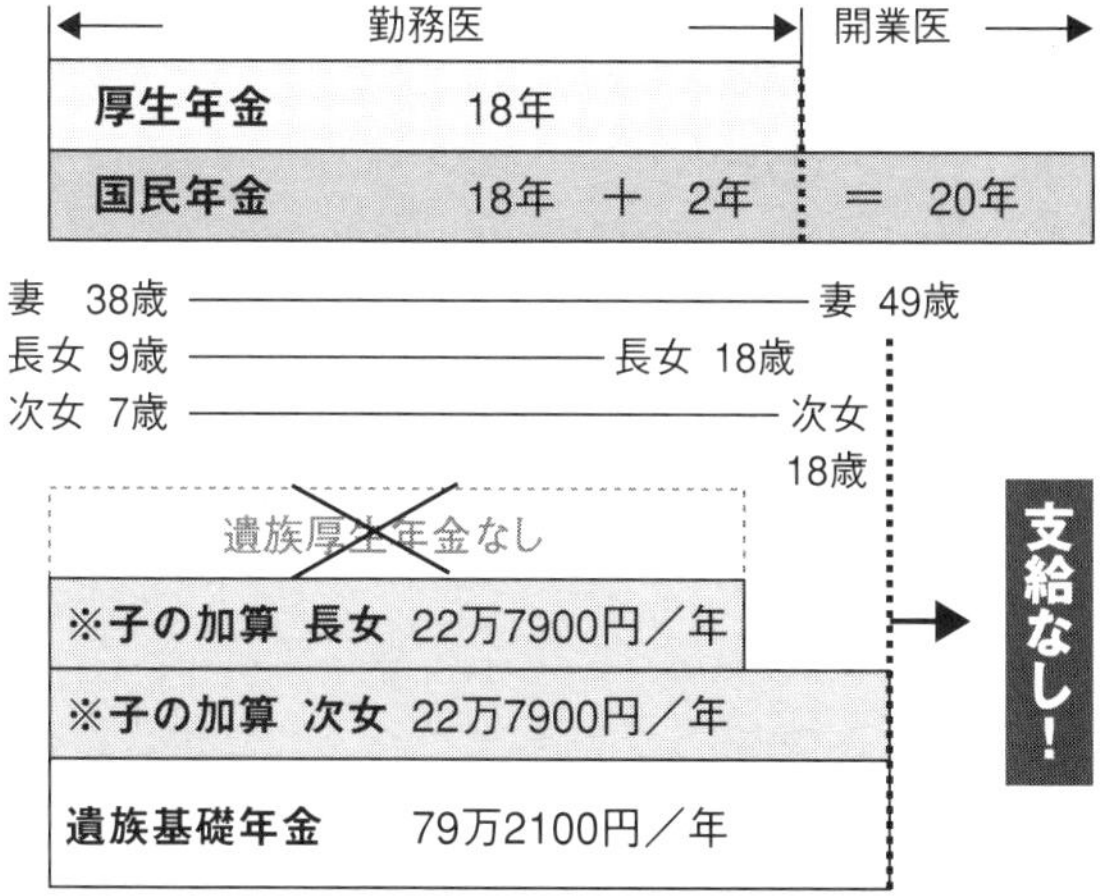

勤務医
開業医
厚生年金 18年
国民年金 18年 ＋ 2年 ＝ 20年
妻 38歳
妻 49歳
長女 9歳
長女 18歳
次女 7歳
次女 18歳
遺族厚生年金なし
※子の加算 長女 22万7900円／年
※子の加算 次女 22万7900円／年
遺族基礎年金 79万2100円／年
支給なし！

※子の加算額　第1子・2子…22万7900円（一人につき）
第3子以降……7万5900円（一人につき）

もらえる年金（平成20年度年額）

妻 79万2100円＋長女 22万7900円＋次女 22万7900円

＝124万7900円÷12ヵ月＝10万3991円→1ヵ月 約10万円也

Mr.年金のワンポイント・アドバイス

国民年金から支給される遺族基礎年金は、子がいる妻に支給されるものですが、その金額だけでは親子が生活するのに十分とは言えませんね。生命保険などでカバーする方法を検討しましょう。

あるいは、クリニックを医療法人にして社会保険（厚生年金）に加入する方法もあります。

Q 仕事中に死亡して労災が認められたら、遺族年金はもらえないの？

夫は工場勤務でしたが、仕事中に事故で亡くなりました。会社は労災扱いにするとのことですが、労災保険から遺族補償年金を受けても、遺族厚生年金はもらえるのでしょうか？　夫は大学卒業後すぐに就職し、以後厚生年金に二五年加入しています。

A 労災は減額、年金は全額支給されます

夫が「労災」で亡くなった場合には、「労災給付」と「公的年金」の二つの権利を得ることになり、同時に受給できます。この場合には、まず「遺族年金を全額受給」し、「労災は一定割合減額」されて受給できます。この調整は、死亡した時だけでなく、仕

事中や通勤中の事故などによる「障害」についても同じように取り扱われます。

Mr.年金のワンポイント・アドバイス

労災の認定はむずかしいケースもあるかと思いますが、認定されれば、将来の生活資金として大きなプラスになります。

QUESTION!

私たちは婚姻届を出していません。年金はもらえるの？

私たちは婚姻届を出していませんが、もう二〇年以上、一緒にくらしております。万一、夫が亡くなったときは、なにか年金をもらえるのでしょうか？

答え：もらえる

婚姻届を出していない「内縁や事実婚の妻」も遺族年金がもらえます。夫：四〇歳・国民年金加入中（国民年金のみ二〇年加入）、妻：三八歳・専業主婦・子供なしの場合でみると下の図のようになります。

「妻」とは法律上の妻のほか一定の内縁関係や事実婚の人を含みます。

国民年金加入者の遺族は、

①〔遺族基礎年金〕がもらえるのか？

②〔寡婦年金〕がもらえるのか？

③〔死亡一時金〕がもらえるのか？

を確認しましょう。

「内縁の妻」の証明は一般に同一の住民票の続柄欄の、夫「世帯主」、妻「未届の妻」「内縁の妻」などの記載によって証明されています。

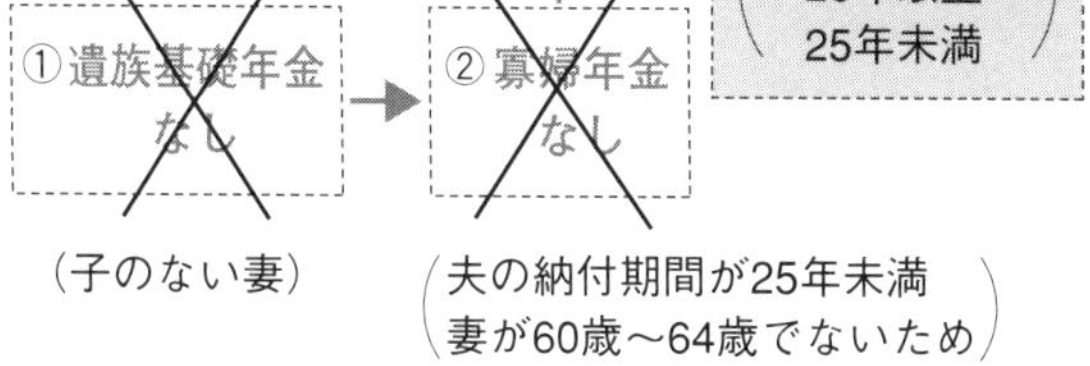
妻がもらえる年金
③ 死亡一時金
17万円の一時金
（夫の納付期間が20年以上25年未満）
① 遺族基礎年金 なし
② 寡婦年金 なし
（子のない妻）
（夫の納付期間が25年未満 妻が60歳～64歳でないため）

QUESTION!

年金の支給もれがあった！ 年金はもらえるの？

私は、一〇年前から年金をもらっていますが、年金の支給もれが見つかりました。もらっていない年金はどうなるのでしょうか？

答え：全額もらえる

【年金時効特例法】で、全額もらえます。六五歳から年金を受給、七二歳で支給もれの年金記録がみつかった場合で考えてみましょう。従来は年金が増額した場合でも、五年を超える六五歳〜六六歳の分は時効消滅で、直近の六七歳〜

七二歳の五年間分に限りさかのぼって支給されていましたが、「年金時効特例法」により六五歳の当初から受給できるようになりました。六五歳〜六六歳の五年以上前にあたる分も、全額受給できます。

受給もれがないように、自分が、いつ・どんな年金に加入したか、チェックをしておきましょう。

会社に入って厚生年金に入った方が、それ以前の学生時代に親御さんなどが納めていた国民年金負担期間の記録もれが多く問題になっています。

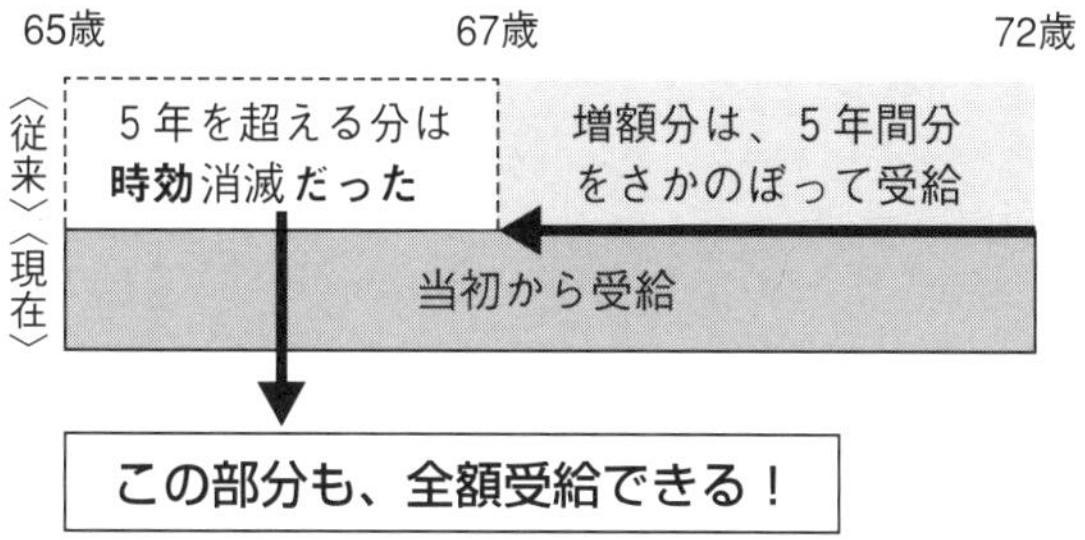
65歳
67歳
72歳
〈従来〉
〈現在〉
5年を超える分は
時効消滅だった
増額分は、5年間分
をさかのぼって受給
当初から受給
この部分も、全額受給できる！

Q どの年金にどのくらいの期間加入したのかわからない。どうしたらいいの？

私は現在、専業主婦です。やっと子育ても一段落しました。結婚するまでは、いろいろな会社に勤めており、結婚後も家計を助けるため、パートや臨時社員などをしました。自分がどんな年金に、どのくらい加入しているのか知りたいのですが、どうしたらわかりますか？

A 「年金記録」で確認。回答票が届いたら、漏れがないか必ず記録をチェックしましょう

「年金記録」でチェックするほか、平成一九年一二月〜二〇年一〇月

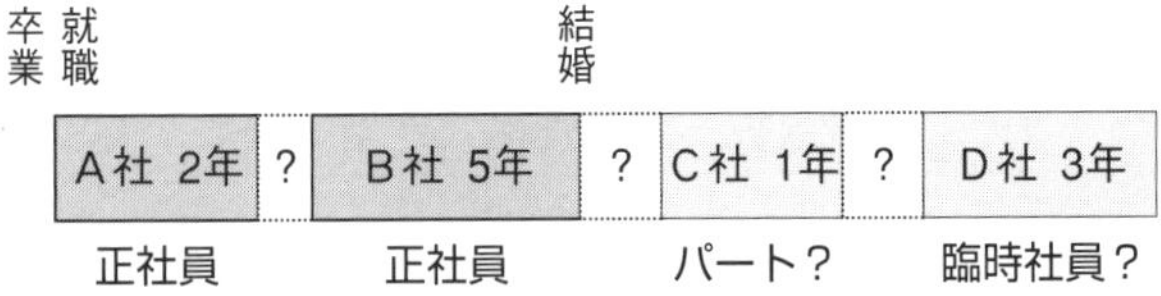
卒業
就職
結婚
A社 2年
?
B社 5年
?
C社 1年
?
D社 3年
正社員
正社員
パート？
臨時社員？

頃に「ねんきん特別便」が順次送られますので、「加入記録」を十分にご確認ください。

〈年金記録のお問い合わせ先〉

① ねんきん特別便専用ダイヤル

0570-058-555
IP電話・PHS　03-6700-1144

（月～金　　：9:00～20:00
第2土曜日：9:00～17:00）

基礎年金番号（**年金手帳に記載**）、生年月日が必要です。

後日、**回答票**が郵送されます。

② ねんきんダイヤル
（一般の年金相談・回答票のお問い合わせ）

0570-05-1165（祝日休）
IP電話・PHS　03-6700-1165

月～金：8:30～17:15

ただし、月曜日（月曜日が休日の場合は火曜日）は
19:00まで受け付け。
第2土曜日：9:30～16:00

③ お近くの**社会保険事務所、**
年金相談センターなどへ

基礎年金番号（**年金手帳に記載**）をご用意ください。
職歴（会社名や所在地など）のメモを書いておくと
記録のチェックに便利ですね！

〈「ねんきん特別便」と記録統合までの流れ〉

ねんきん特別便専用ダイヤル　0570-058-555
（IP電話・PHS　03-6700-1144）

ねんきん特別便を送付

- 宙に浮いている記録が結びつく可能性がある人：平成20年3月までをめどに送付
- その他の人：平成20年4月から10月までをめどに送付

▼

自分自身による記録の確認

▼

自分自身による回答

◎注意！　手続きしないと、記録は統合できません。

- 訂正がない場合：「確認はがき」を郵送
- 訂正がある場合：年金加入記録照会票に記入して手続き

▼

社会保険庁による調査・確認

▼

記録の統合（確認完了）

☆勤務先などの欄に記載もれがないか、また姓が変わった人、資格取得日、資格喪失年月日の誤りがないかなどを十分に確認してください。

Q

加入期間が二五年に満たない！年金は一円ももらえないの!?

私は、来月六〇歳になりますが、国民年金の加入期間が二〇年です。このままだと、年金はもらえないのでしょうか？　どうしたら年金がもらえますか？

A

1. あと五年間、国民年金に任意加入する
or
2. 会社勤めをして、厚生年金に加入する

二五年に足らない「五年」分をなんとかしましょう。

国民年金　10年	未加入	国民年金　10年

国民年金の加入期間

10年＋10年＝20年＜25年に**足らない！**

Ⓐ1．の場合（あと五年間、国民年金に任意加入した場合）

平成二〇年度の金額で計算しますと、

●これから支払う保険料（総額）　一万四四一〇円（国民年金月額保険料）×一二ヵ月×五年＝約八七万円

☆もらえる年金（月額）　七九万二一〇〇円（年金額）×二五年／四〇年（加入可能年数）÷一二ヵ月＝約四万一〇〇〇円

六五歳から八〇歳までもらうと、四万一〇〇〇円×一二ヵ月×一五年＝約七四〇万円也！　もしこのままなら……二〇年分の保険料を払って、年金は〇円。あと五年間国民年金に任意加入して約八七万円を支払うか、会社に入って厚生年金に加入する方法があります。

〈あと5年国民年金に任意加入した場合〉

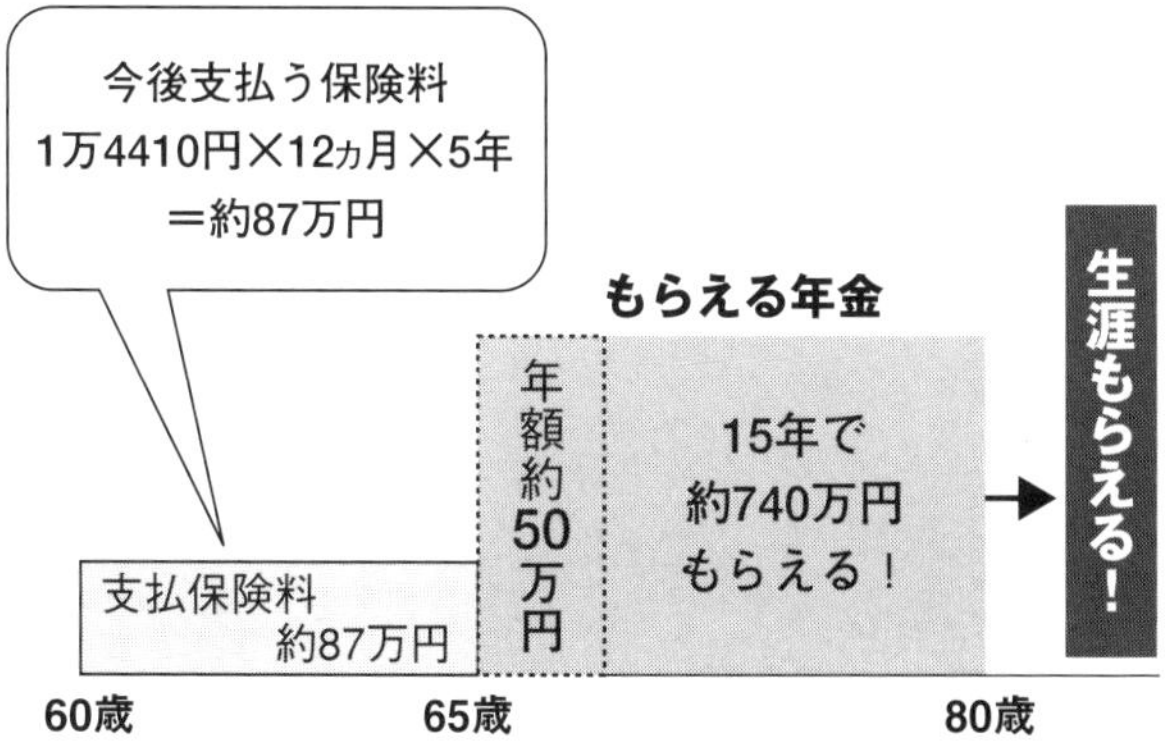
今後支払う保険料
1万4410円×12ヵ月×5年
＝約87万円
もらえる年金
年額約50万円
15年で
約740万円
もらえる！
生涯もらえる！
支払保険料
約87万円
60歳
65歳
80歳

〈もらえる年金（平成20年度の金額）の計算〉

$$79\text{万}2100\text{円} \times \frac{\text{保険料納付済月数} + \left(\text{全額免除月数} \times \frac{2}{6}\right) + \left(\text{4分の1納付月数} \times \frac{3}{6}\right) + \left(\text{半額納付月数} \times \frac{4}{6}\right) + \left(\text{4分の3納付月数} \times \frac{5}{6}\right)}{\text{加入可能年数（原則40年）} \times 12\text{月}\ (=480\text{月})}$$

Q 国民年金の未払い期間がある。満額もらいたいけれど、どうしたらいい？

自営業でずっと国民年金に加入しています。現在五八歳になりますが、国民年金を払っていなかった期間もあり、いままでの加入期間は三六年です。もらえる年金は国民年金だけなので、すこしでも年金をふやしたいと思っています。国民年金は六〇歳になるまでに四〇年間加入すると満額もらえるそうですが、私も四〇年になるまで加入することはできますか？

A 六五歳になるまで、「（高齢）任意加入」できます

国民年金は、原則二〇歳から六〇歳になるまでの四〇年間加入して、満額（年額・平

成二〇年度　七九万二一〇〇円）を受給することができます。六〇歳になると、国民年金の資格を喪失することになり、払込満了になりますが、届け出て六五歳になるまで国民年金に「任意加入」することができます（国民年金の第二号被保険者を除く）。あなたの場合には、六〇歳までの加入期間「三六年十二年＝三八年」となり、あと二年間の加入で四〇年になります。平成二〇年度の金額で計算しますと、六〇歳までの加入期間でもらえる年金は、七九万二一〇〇円×（三六年×一二ヵ月／四〇年×一二ヵ月）＝七一万二八九〇円となりますが、申請して、六〇歳から二年間「任意加入」すれば満額受給も可能になります。この場合、支払う保険料の総額は、一万四四一〇円×二年×一二ヵ月＝三四万五八四〇円です（任意加入の全期間について平成二〇年度の保険料で計算）。なお、「任意加入」の手続きの際に、「満額受給したい」と申し出れば、「満額受給希望」と登録され、加入期間四〇年になる頃にお知らせがくるようになっています。

手続きは、住所地の市区役所または町村役場になります。

【国民年金の「高齢任意加入」（六五歳になるまで加入できます）】

①国民年金をもらうのに必要な加入期間が足りないとき

②国民年金の年金額をすこしでも増額したいとき・満額受給したいとき

（加入の対象者）

次の①〜③のすべての条件を満たす場合に「任意加入」できます。

①国内に住所を有する六〇歳以上六五歳未満の方

②老齢基礎年金の繰り上げ支給を受けていない

③二〇歳から六〇歳までの保険料納付済月数が四八〇月（四〇年）未満である

「特例高齢任意加入」

昭和四〇年四月一日以前生まれの方で、六五歳になってもまだ加入期間が足りないときには、足りない期間を埋め合わせるために、七〇歳まで加入できます。

Mr. 年金のワンポイント・アドバイス

もらう年金はすこしでもふやしたいですね。一二五年の国民年金の加入期間（保険料納付済期間＋免除期間など）をクリアすることがまず大切です。国民年金の第一号被保険者の方なら、「国民年金基金」や「付加年金」で年金をふやす方法もあります。

Q

加入したのは、国民年金だけ！どうしたら年金をふやせる？

私たち夫婦は自営業で、年金は国民年金だけです。何とか、老後の年金をUPしたいのですが、どうしたらいいのでしょうか？

A

自営業者のご夫婦なら、「国民年金基金」にも加入できます！　ほかにもいろいろな制度があるので自分にあったプランを作りましょう

夫　国民年金　第1号被保険者 →

妻　国民年金　第1号被保険者 →

もらえる年金は
夫も妻も
最高40年の加入で、
月額約6万6000円
（平成20年度の金額）

40年加入して、それぞれ月額約6万6000円ずつの年金です。

国民年金だけだと、最高の四〇年間保険料を支払っても、もらえる年金は、二〇年度の場合、最高で一人月額約六万六〇〇〇円です。国民年金の保険料は月一万四四一〇円です（平成二〇年度）。下の図のような制度を利用して、自分に合ったプランで加入されてはいかがでしょうか。

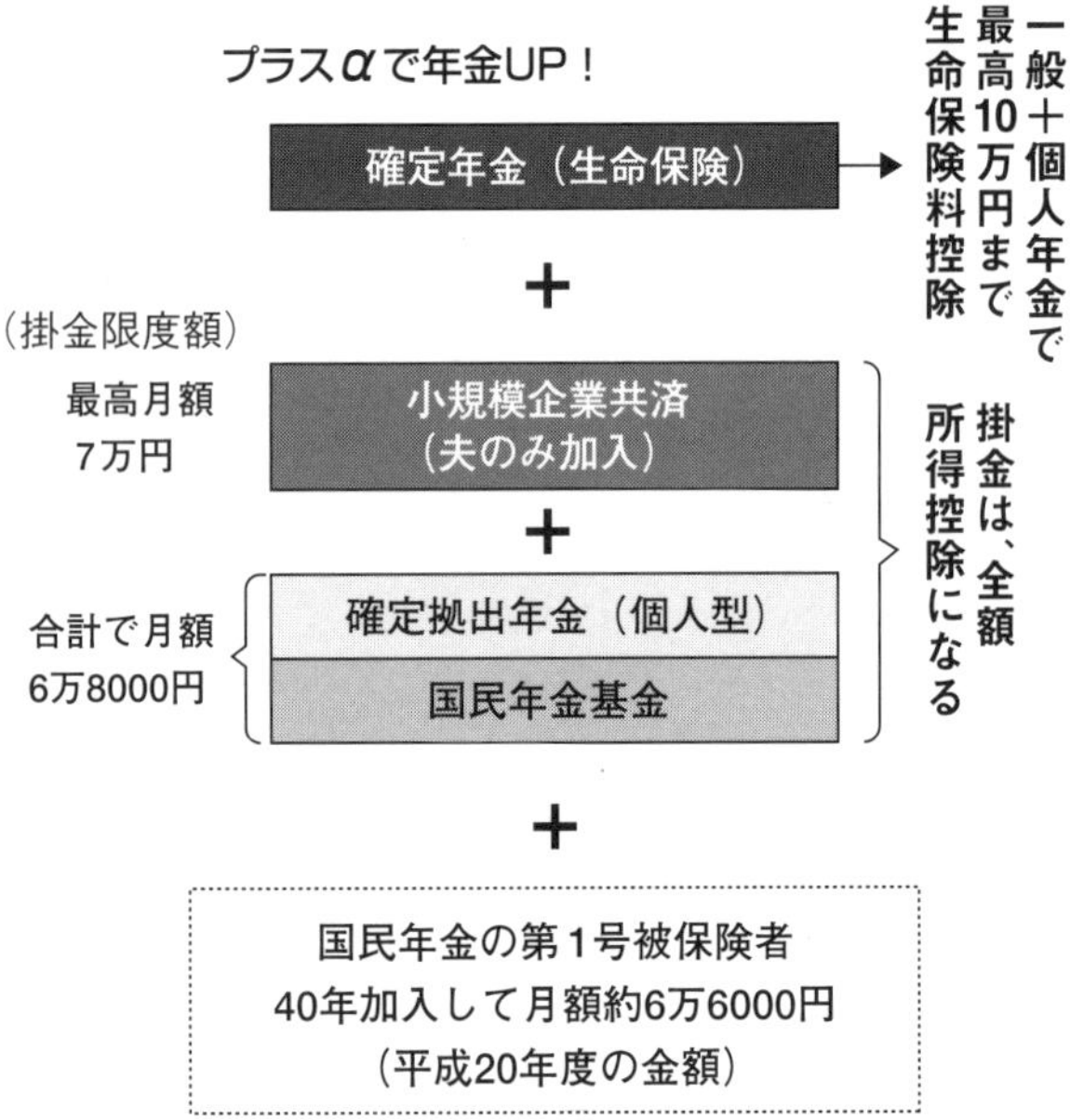
プラスαで年金UP！
確定年金（生命保険）
一般＋個人年金で最高10万円まで生命保険料控除
（掛金限度額）
最高月額7万円
小規模企業共済（夫のみ加入）
合計で月額6万8000円
確定拠出年金（個人型）
国民年金基金
掛金は、全額所得控除になる
国民年金の第1号被保険者
40年加入して月額約6万6000円
（平成20年度の金額）

〈夫は個人事業主・妻は事業専従者でともに国民年金（第1号被保険者）のみ加入の場合のプラン例〉

<table>
<tr><th colspan="2"></th><th>国民年金基金</th><th>確定拠出年金（個人型）</th><th>小規模企業共済</th><th>個人年金</th></tr>
<tr><td rowspan="2">加入者</td><td>夫</td><td>○</td><td>○</td><td>○</td><td>○</td></tr>
<tr><td>妻</td><td>○</td><td>○</td><td>×</td><td>○</td></tr>
<tr><td>特徴</td><td colspan="2">地域型か職能型のどちらかに加入</td><td>加入者本人が運用指示する</td><td>役員・事業主の退職金制度</td><td>生命保険</td></tr>
<tr><td rowspan="2">掛金／保険料</td><td colspan="3">月額6万8000円まで
（国民年金基金　＋
確定拠出年金との合計）</td><td>月額7万円まで</td><td>限度なし</td></tr>
<tr><td colspan="2">全額
社会保険料
控除</td><td colspan="2">全額
小規模企業共済
等掛金控除</td><td>個人年金保険料は最高5万円まで、一般と合わせて最高10万円まで生命保険料控除</td></tr>
<tr><td>受取年金の税金</td><td colspan="4">雑所得：公的年金等控除あり

年金として受給
雑所得
一時金として受給
退職所得</td><td>雑所得：
公的年金等
控除なし</td></tr>
</table>

Q 少しでも年金をＵＰさせたい！（個人事業主の夫婦）

夫は個人で飲食店を経営しており、私も夫の店を手伝っています。夫も私も国民年金に加入していますが、将来に備えて少しでも年金をふやしたいのですが、保険料の負担をあまりふやしたくありません。何かよい方法はないでしょうか？

A 国民年金の第一号被保険者限定ですが、「付加年金」があります

とりあえず、コストをあまりかけたくないなら「付加年金」をプラスする方法があります。ただし、国民年金基金加入者の方は、加入できません。

〈国民年金第1号被保険者なら、
付加年金でもらえる年金をUP!〉

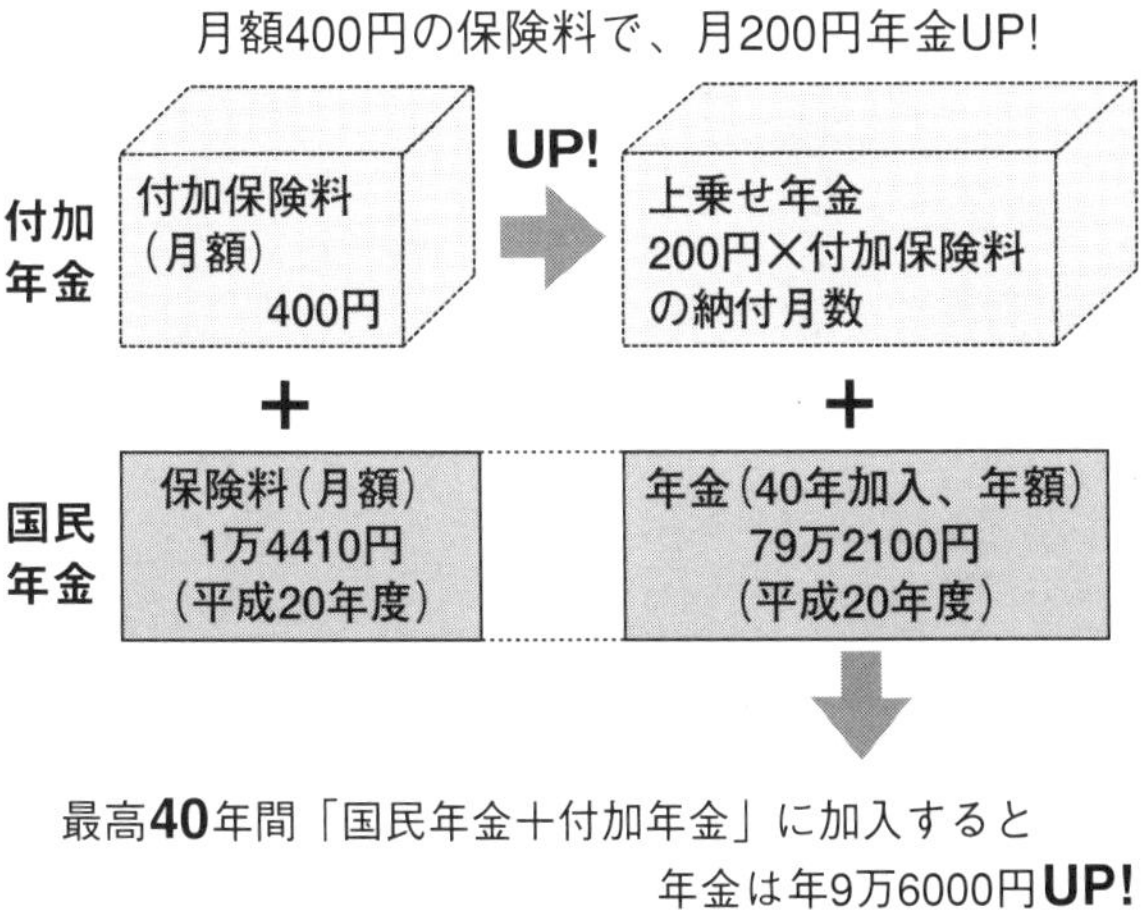
月額400円の保険料で、月200円年金UP!
付加年金
付加保険料
（月額）
400円
UP!
上乗せ年金
200円×付加保険料
の納付月数
+
+
国民年金
保険料（月額）
1万4410円
（平成20年度）
年金（40年加入、年額）
79万2100円
（平成20年度）
最高40年間「国民年金＋付加年金」に加入すると
年金は年9万6000円UP!

Q 少しでも年金をUPさせたい！（夫が会社員の妻・専業主婦）

私は大学を卒業してすぐに結婚しました。勤めたこともなく、ずっと専業主婦です。夫は会社員で厚生年金に加入しています。夫はもうすぐ定年で退職するのですが、私の年金を少しでもふやすにはどうしたらよいでしょうか？

A
1. 国民年金に任意加入する
or
2. おもいきって、一年でも勤めて厚生年金に入る

ご主人が退職したら、自分で国民年金に六五歳まで任意加入すると年金がＵＰします。また可能なら、会社に勤めて厚生年金に加入すると、将来老齢厚生年金が受け取れます。

Mr.年金のワンポイント・アドバイス

まずは、国民年金の加入期間が二五年以上あることが大切です。

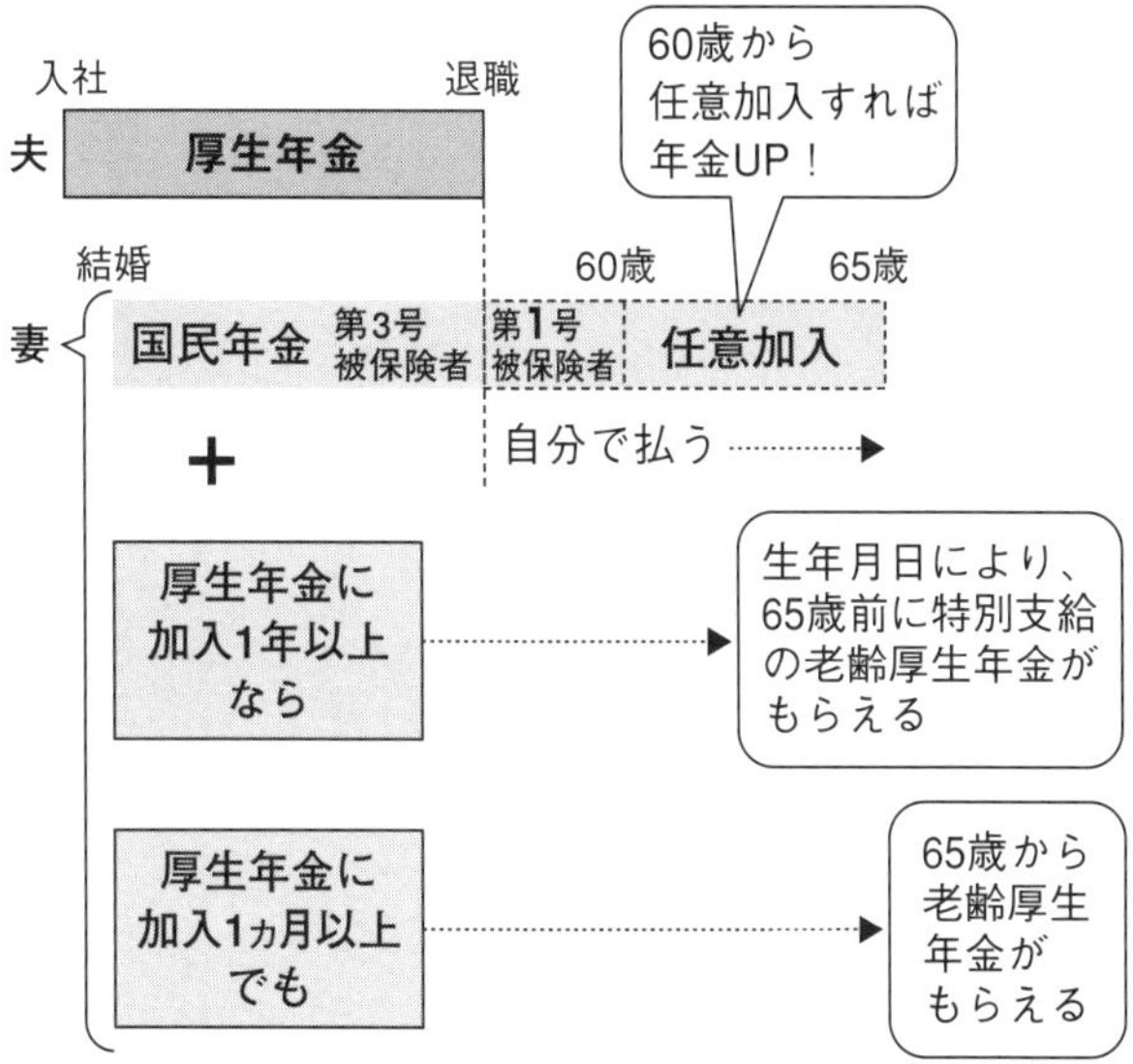

入社
退職
夫
厚生年金
60歳から
任意加入すれば
年金UP！
結婚
60歳
65歳
妻
国民年金
第3号
被保険者
第1号
被保険者
任意加入
自分で払う
＋
厚生年金に
加入1年以上
なら
生年月日により、
65歳前に特別支給
の老齢厚生年金が
もらえる
厚生年金に
加入1ヵ月以上
でも
65歳から
老齢厚生
年金が
もらえる

Q 老いて一人暮らし。年金の手続きが心配です

夫は一〇年前に他界し、息子夫婦は海外赴任中で、めったに帰国しません。わたしは一人暮らしですので、入院などしたら、年金の手続きや預金のことなど心配です。どうしたらいいでしょうか？

A 成年後見制度を使いましょう

【法定後見】裁判所に申し立てて成年後見人等を選んでもらう。

【任意後見】任意後見人をあらかじめ自分で選任できる。判断能力が十分なうちに自分で決められるので安心。

〈任意後見制度〉

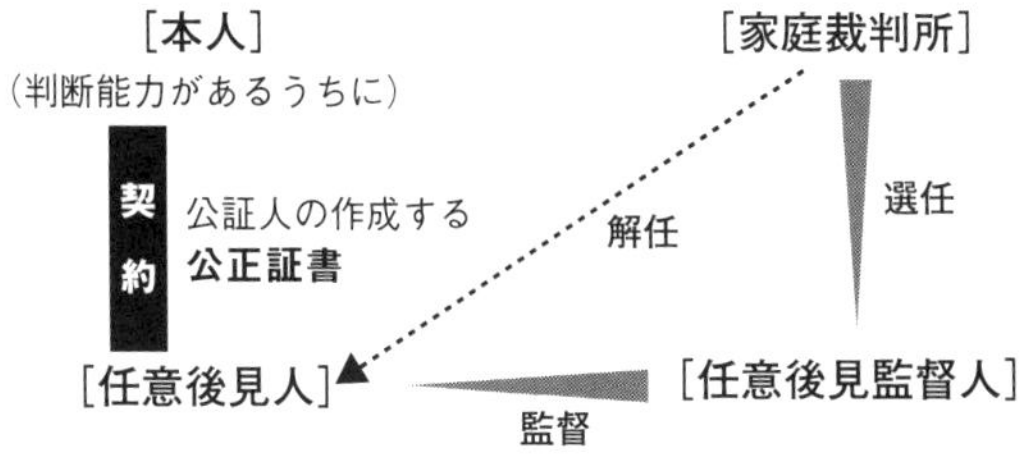
［本人］
（判断能力があるうちに）
契約
公証人の作成する
公正証書
［家庭裁判所］
選任
解任
［任意後見人］
［任意後見監督人］
監督

〈成年後見制度〉

区分	本人の判断能力	援　助　者	
後見	全くない	成年後見人	監督人を選任することがある。
保佐	特に不十分	保佐人	
補助	不十分	補助人	
任意後見	本人の判断能力が不十分になったときに、本人があらかじめ結んでおいた任意後見契約にしたがって任意後見人が本人を援助する制度。家庭裁判所が任意後見監督人を選任したときから、その契約の効力が生じる。		

第二章

保険

QUESTION! 生命保険って、どんなものなの？

生命保険っていろいろありますが、どんなものなのか理解するのに基本的な考え方を教えてください。

答え：生命保険の基本は「三つのパターン」で考える

生命保険の基本は、被保険者が亡くなったらお金が受け取れるものですが、保険期間、解約返戻金《へんれい》や満期金のあるなしで三つのパターンに分けられます。

あなたはどれがいいですか？

定期保険

加入　　保険期間終了

保　障

- 割安で、大きな保障が買える
- 保険期間が終了すると、保障がなくなる！（期間限定）
- 掛け捨てのタイプがほとんど

→ **保険期間終了後は保障なし！**

終身保険

加入　　保険料払込満了

保障＋返戻

- 保障は一生涯なので、いつでも安心！
- 通常、解約返戻金がある
- 保険料は高め

生涯安心！

養老保険

加入　　保険期間終了

積立＋保障

- 満期金がもらえる
- 万一の保障は少ない
- 保険料は高め

→ **一定の期間で終了　満期金あり**

Q 三〇年間の保険料の支払いが、やっと終わりました。なのに満期金が支払われないのはなぜ？

私達夫婦は、今まで質素倹約に励み、ともに働いてきました。将来のため、夫は生命保険に加入し、こつこつと保険料を支払ってきました。六〇歳で夫は定年になり、ちょうど保険の支払いも終わって満期になるからと、大奮発して海外旅行を計画しました。ところが、保険会社からお金は振り込まれません。一体どういうことでしょうか？　保険は終身保険とのことです。

A 「終身保険」では、死亡または解約で保険金が受け取れます

「終身保険」は、原則、死亡または高度障害になったなど万一の場合に、保険金がおり

るものです。解約すれば返戻金が戻りますが、まだ、六〇歳ですので、解約してその年齢で再び生命保険に加入すると、保険料はかなり高くなると思います。解約して海外旅行の資金としてもいいし、またはこのまま加入しつづけて夫死亡後の妻の老後の備えとする考え方もあります。

Mr.保険のワンポイント・アドバイス

古い保険証券を出して、保険の契約内容を確認してみましょう。

Q 夫が残したはずの「定期保険」はなぜ支払われないの？

私は六五歳の専業主婦です。先月、夫が七〇歳で亡くなりました。生前夫は、四〇年前に結婚したときに、五〇〇〇万円の定期保険に入ったから、自分が死んだら五〇〇〇万円の保険金が出るので安心していいと言っていました。昨日、生命保険会社に問い合わせたところ、「一〇年前に、保険は切れています。三〇歳加入、六〇歳満了の一〇年更新型の定期保険ですので、返戻金はありません」と言われました。いったい、どういうことでしょうか？

A 「定期保険」は、掛け捨ての保険

定期保険は「定められた期間内」で保険事故、つまり、死亡や高度障害など、その保険の契約内容に合致したことが起きた場合に、保険金が支払われるものです。あなたのご主人の生命保険は、一〇年更新型の六〇歳満了のタイプとのことですが、死亡保険金が支払われるのは、ご主人が六〇歳前に亡くなることが条件です。六〇歳以後は保険には入っていなかったことになります。

Mr.保険のワンポイント・アドバイス

定期保険の保険料は、終身保険に比べて安いのですが保障されるのが期間限定であるなど、よく理解する必要があります。

〈夫が残した定期保険〉

(1) 定期保険（死亡保険金）　　(2) 保険料（10年更新）

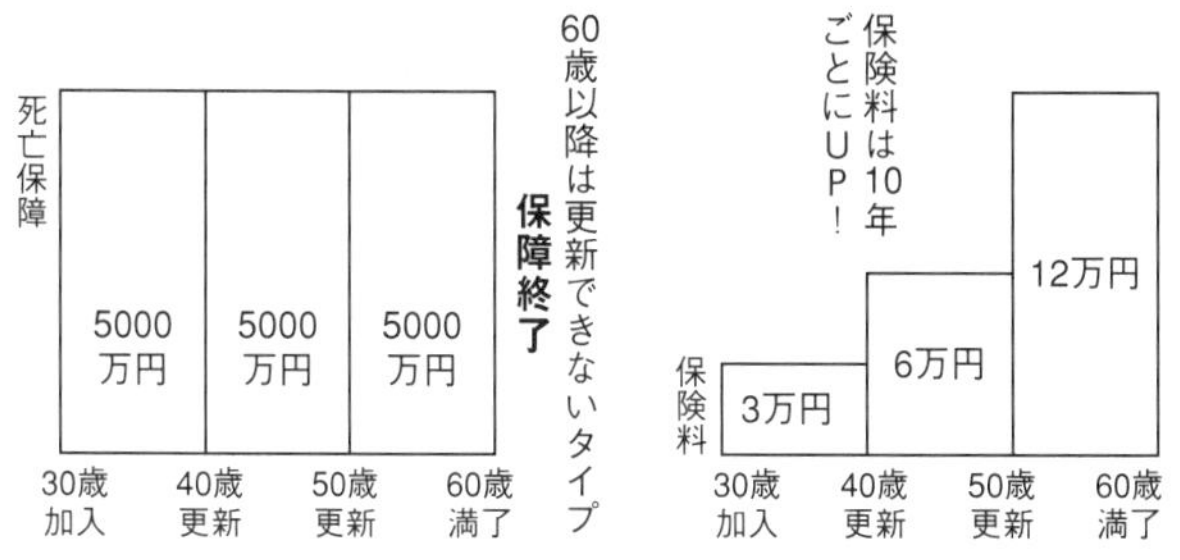
死亡保障
5000万円
5000万円
5000万円
30歳加入
40歳更新
50歳更新
60歳満了
保障終了
60歳以降は更新できないタイプ
保険料は10年ごとにUP！
保険料
3万円
6万円
12万円
30歳加入
40歳更新
50歳更新
60歳満了

イメージ図です。実際ではありません

QUESTION!

生命保険の商品はどう違うの？

保険会社の商品はいろいろあってわからないのですが……。

答え：生命保険は、基本パターン三つの組み合わせで考えよう

生命保険の商品の名前はたくさんありますが、基本は定期保険・終身保険・養老保険の三つのパターン（P.97）の組み合わせで理解しましょう。自分の生活に合った組み合わせの商品を選びましょう。

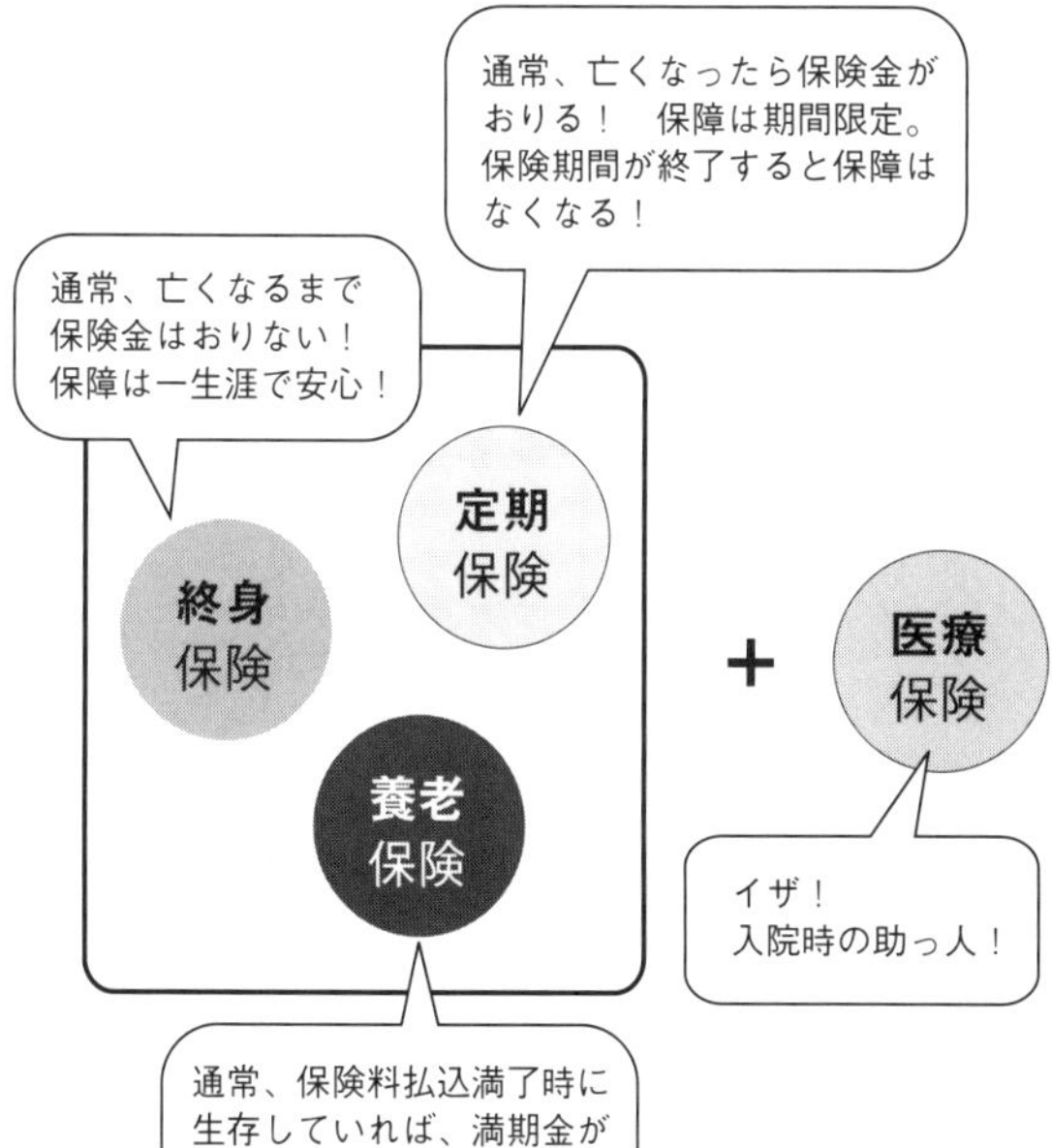
通常、亡くなったら保険金がおりる！　保障は期間限定。保険期間が終了すると保障はなくなる！
通常、亡くなるまで保険金はおりない！保障は一生涯で安心！
定期保険
終身保険
養老保険
＋
医療保険
イザ！入院時の助っ人！
通常、保険料払込満了時に生存していれば、満期金がもらえる！

Q 保険に入ったら、保険料は一定なの？

三〇歳のＯＬです。初めて生命保険に加入するのですが、保険会社から設計書が送られてきました。いろいろ書かれてありますが、保険に入ったら、保険料はずっと変わらないですよね？

A 更新型は保険料が途中でアップします

生命保険料のタイプには、生命保険加入後、保険料の払込終了まで支払う保険料がずっと変わらない「全期型」と、更新時に支払う保険料がアップする「更新型」とがあります。加入当初は「更新型」の方が「全期型」よりも保険料は安いですが、通常更新の度に保険料はアップしますので、支払総額は多くなります。

Mr.保険のワンポイント・アドバイス

「定期保険」の更新型は、保険料が約二倍になることもあります。加入される時に、しっかり確認してください。

〈定期保険・10年更新型〉

（イメージ図）

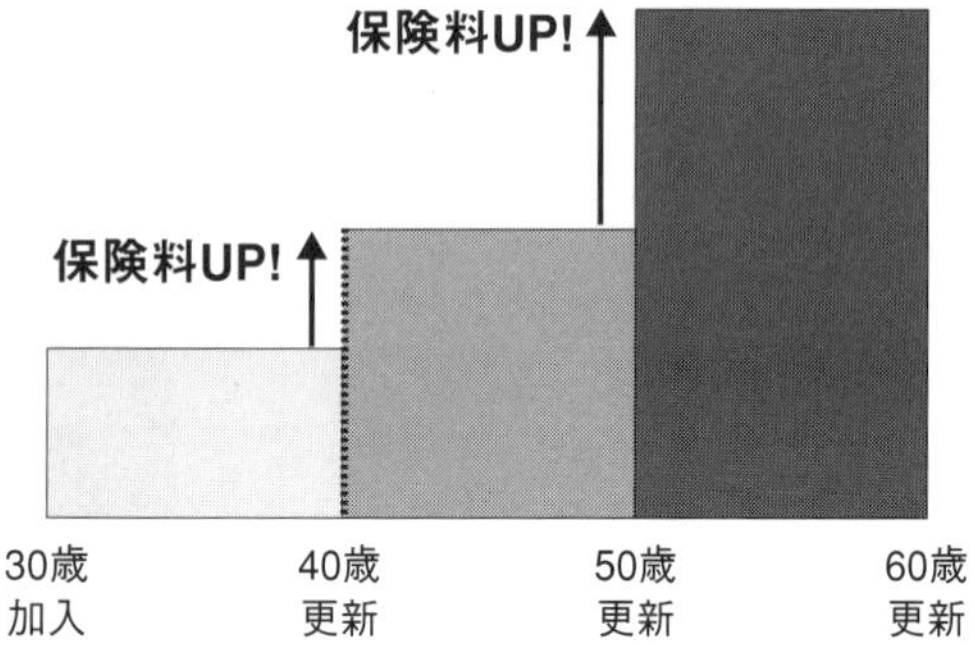
保険料UP!
保険料UP!
30歳
加入
40歳
更新
50歳
更新
60歳
更新

10年更新型の保険の場合、10年ごとに保険料が高くなります。

〈定期保険・全期型〉

（60歳満期 イメージ図）

保険料は変わらない
30歳
加入
40歳
50歳
60歳
満期

Q 生命保険の「単体保険」ってなに？

生命保険は「抱き合わせ保険」でなく「単体保険」で加入するのがベターといわれますが、「単体保険」ってなんですか。

A 「単体保険」は主契約のみで特約のない保険

「抱き合わせ保険」の典型が「定期付終身保険」です。この保険を分解すると、主契約の「終身保険」に、「定期保険」そして「入院特約」「通院特約」などの特約がついたものです。

一般に主契約の「終身保険」を解約したり、減額したりすると、特約もなくなってしまう商品が多いようです。「単体保険」とは、「終身保険」で一つの契約、「定期保険」

で一つの契約、「医療保険」で一つの契約で、個々に解約や減額ができるので、煩わしさがありません。

しかし、一般的に保険料は、「抱き合わせ保険」より、若干高くなります。レストランのランチも「セットメニュー」のほうが「単品」より割安なのと同じです。

Mr.保険のワンポイント・アドバイス

特に、「入院保障」は特約で加入されていることがとても多いようです。ライフスタイルが変わったら、保険も変える！　というのも一案です。

〈セットメニュー（抱き合わせ保険）と単品メニュー（単体保険）〉

(1) セットメニュー（抱き合わせ保険）

主契約…本日のメインディッシュ
特　約…選べるサイドメニュー

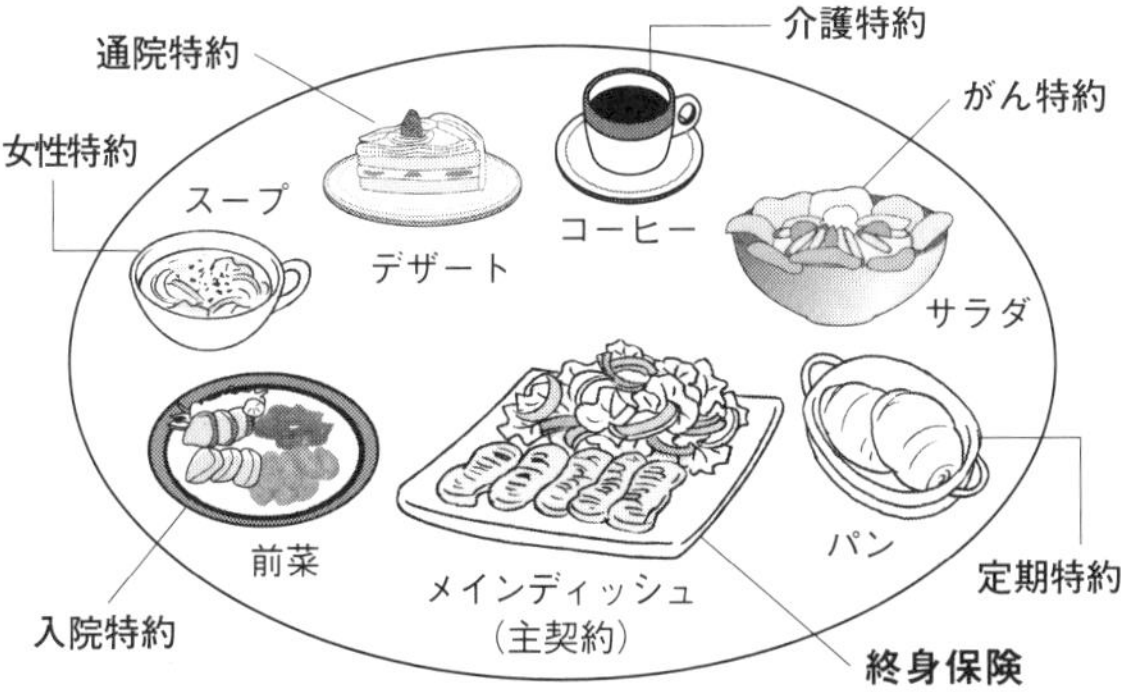
介護特約
通院特約
がん特約
女性特約
スープ
デザート
コーヒー
サラダ
パン
前菜
メインディッシュ
（主契約）
定期特約
入院特約
終身保険

［主契約：終身保険のケース］

(2) 単品メニュー（単体保険）

主契約のみ・特約なし…単品メニュー

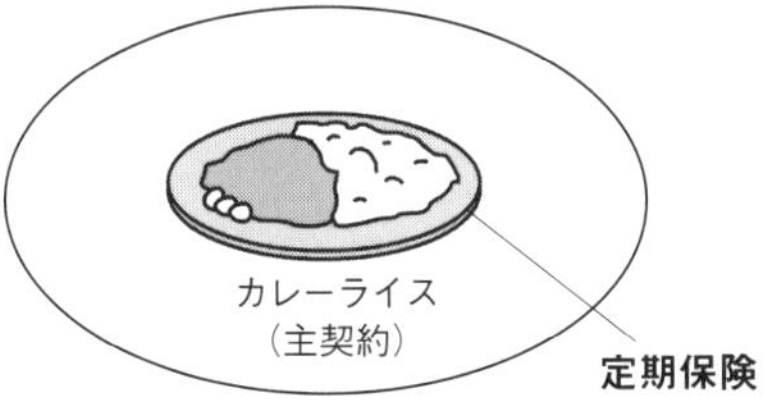
カレーライス
（主契約）
定期保険

［主契約：定期保険のケース］

Q 「定期付終身保険」ってなに？

定期付終身保険を勧められました。どんな保険なのでしょうか？

A 「終身保険」と「定期保険」の組み合わせです

正式には、定期保険特約付終身保険といいます。主契約の「終身保険」に「定期保険」が特約としてプラスされたものです。

〈定期付終身保険〉

（イメージ図）

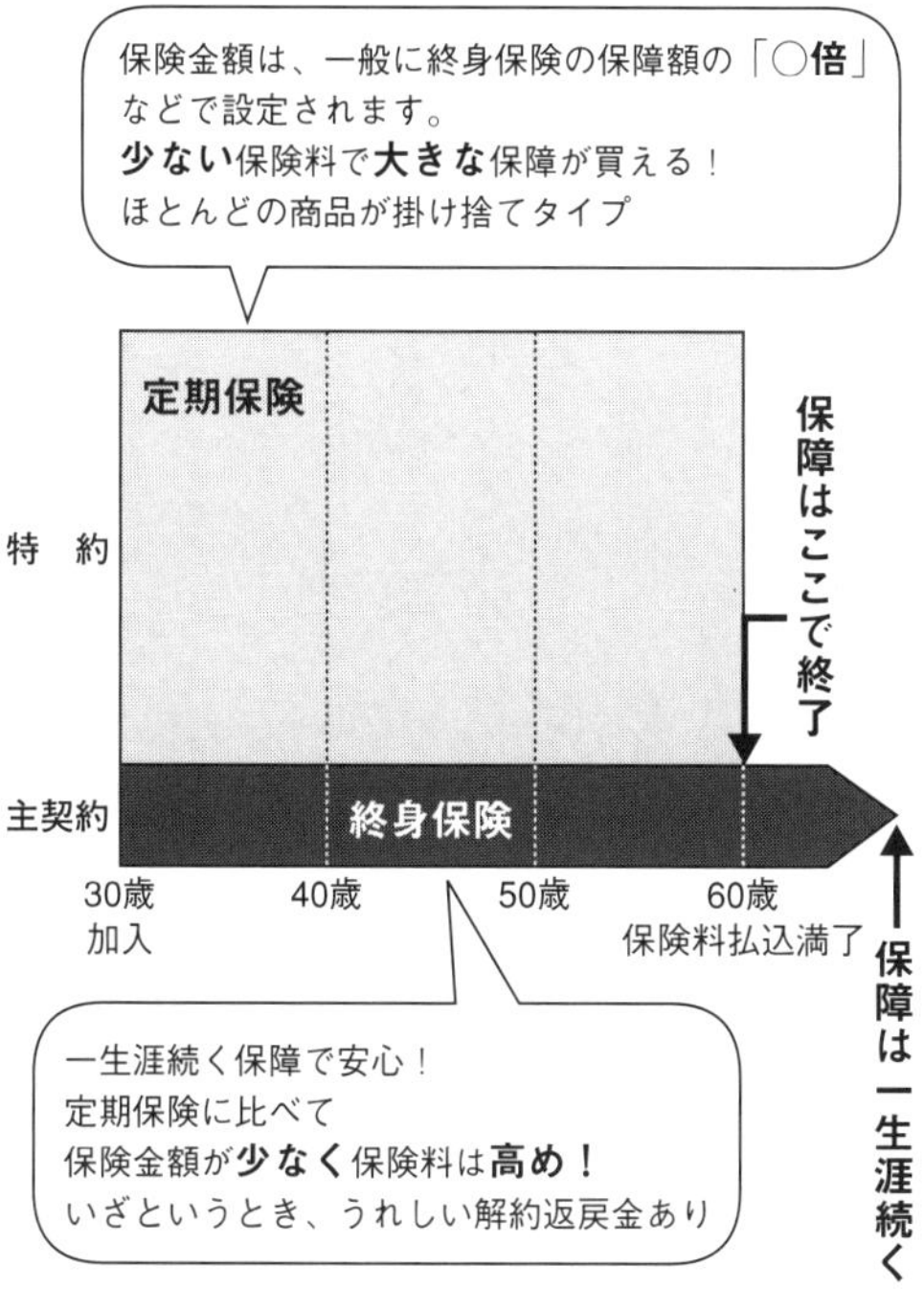
保険金額は、一般に終身保険の保障額の「○倍」などで設定されます。
少ない保険料で**大きな**保障が買える！
ほとんどの商品が掛け捨てタイプ
定期保険
保障はここで終了
特　約
主契約
終身保険
30歳
加入
40歳
50歳
60歳
保険料払込満了
保障は一生涯続く
一生涯続く保障で安心！
定期保険に比べて
保険金額が**少なく**保険料は**高め！**
いざというとき、うれしい解約返戻金あり

Q 夫が三五年前に加入した豪華な「定期付終身保険」ってなに？

夫が、七〇歳で入院して五ヵ月後に亡くなりました。生前、夫は結婚当初の三五歳の時に、保障が豪華な「定期付終身保険」に加入し、生涯五〇〇〇万円の保障があるから心配ないと言っていました。先日、その生命保険会社から、二〇〇万円の保険金が振込まれてきました。その保険会社に電話をしたところ、「二〇〇万円が主契約の終身保険で、四八〇〇万円が特約です。定期保険・入院給付金・手術給付金などが付いていますが、一〇年更新の六五歳満了ですので、終身保険だけが保険金として出ます」と答えがありました。これは、どういうことでしょうか。

A 特約をいっぱい付けた保険

これは、古い生命保険の「定期付終身保険」の典型で、終身保険を主契約とし、これに安い保険料で大型保障をする定期保険を組み合わせています。各生命保険会社が同じような保険を販売しています。保険会社の人がどこまで詳しく説明したか疑問もありますが、後で「こんなはずではなかった！」とトラブルが起こらないよう、加入者の方も、保険の内容をしっかり理解することが必要ですね。若いときには保険料が安く設定されていますが、特約の定期保険・入院保障などが六五歳でなくなることをしっかり説明されたのか、加入者の方も理解したうえで契約したのかどうか問題がありますね。

Mr.保険のワンポイント・アドバイス

古い生命保険の保険証券を出して、再度確認してみましょう。どんな保険かわからないときは、保険会社のお客様相談センターやファイナンシャル・プランナーなどに相談するといいでしょう。

〈定期付終身保険〉
（イメージ図）

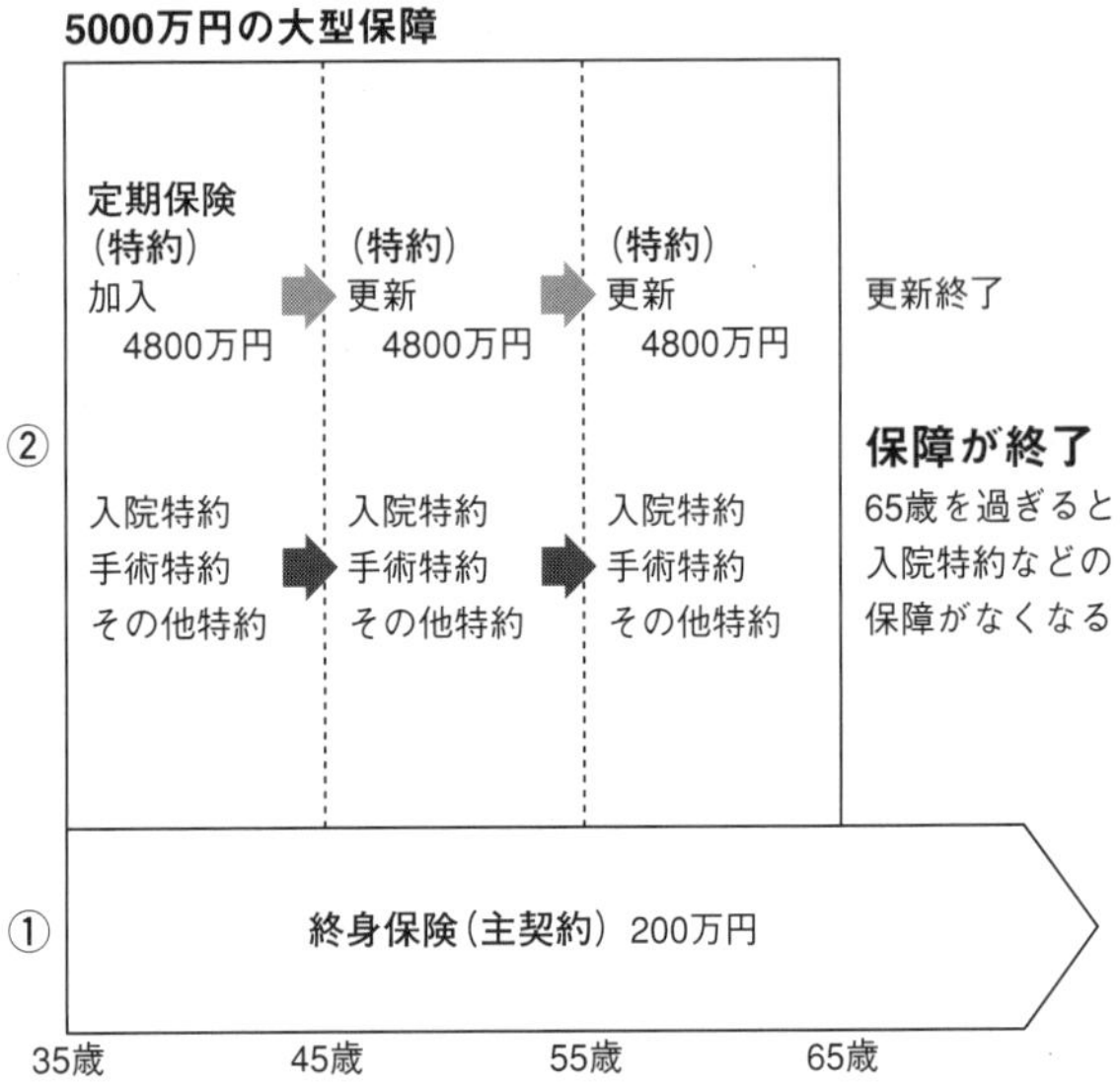

5000万円の大型保障
定期保険
（特約）
加入
4800万円
（特約）
更新
4800万円
（特約）
更新
4800万円
更新終了
②
保障が終了
65歳を過ぎると
入院特約などの
保障がなくなる
入院特約
手術特約
その他特約
入院特約
手術特約
その他特約
入院特約
手術特約
その他特約
①
終身保険（主契約） 200万円
35歳
45歳
55歳
65歳

上記の契約では

① 終身保険……一生涯保障。死亡したときなどに200万円の保険金を受け取る保障が一生涯続く

② 特　　約……特約として入院特約などが付いている場合が多く、65歳を過ぎると、もし病気になっても入院給付金が出ないこととなる

Q 夫婦保険は保険料が割安とすすめられましたが？

私達夫婦は、五年前から小さな花屋を営んでおります。先日、大学時代の女友達が生命保険の仕事を始めたと、一〇年ぶりに訪ねてきました。その友人は、夫が主契約で、私が特約の夫婦保険は、保険料がすごく割安で、いまテレビでよく宣伝している保険だから生涯安心、と言うので加入しました。

私は他に生命保険には入っていません。私は三五歳で、主人は四〇歳です。これから三〇年間、保険料を支払いますが、現在事業も順調で、保険料の支払いは心配ありません。加入した保険は、夫婦二人で割安だから、入ってお得ですよね？

A 安かろう悪かろうにもなりかねないので注意！

夫婦保険はいろいろな商品が販売されていますが、加入した夫婦保険は、主契約の夫が亡くなれば、その時点で保険契約が終了するタイプではないでしょうか。よく確認してください。そうだとすると、あなたは夫の死亡後は無保険者となり、病気になっても、生命保険の保障はなくなってしまっています。ご夫婦の事業なら当然、奥様にも給料が支払われて、ご夫婦とも金銭的に余裕があると思いますので、夫婦保険よりもご夫婦別々の生命保険に加入したほうが、夫死亡後の心配がないと思います。

ご夫婦別々の生命保険加入も一つの案ですね。

Mr.保険のワンポイント・アドバイス

別々の保険なら、税金の生命保険料控除も夫と妻が別々に受けられますので、所得税・住民税・国民健康保険料も少なくなります。

〈夫婦保険で主契約者が65歳で死亡した場合〉

（イメージ図）

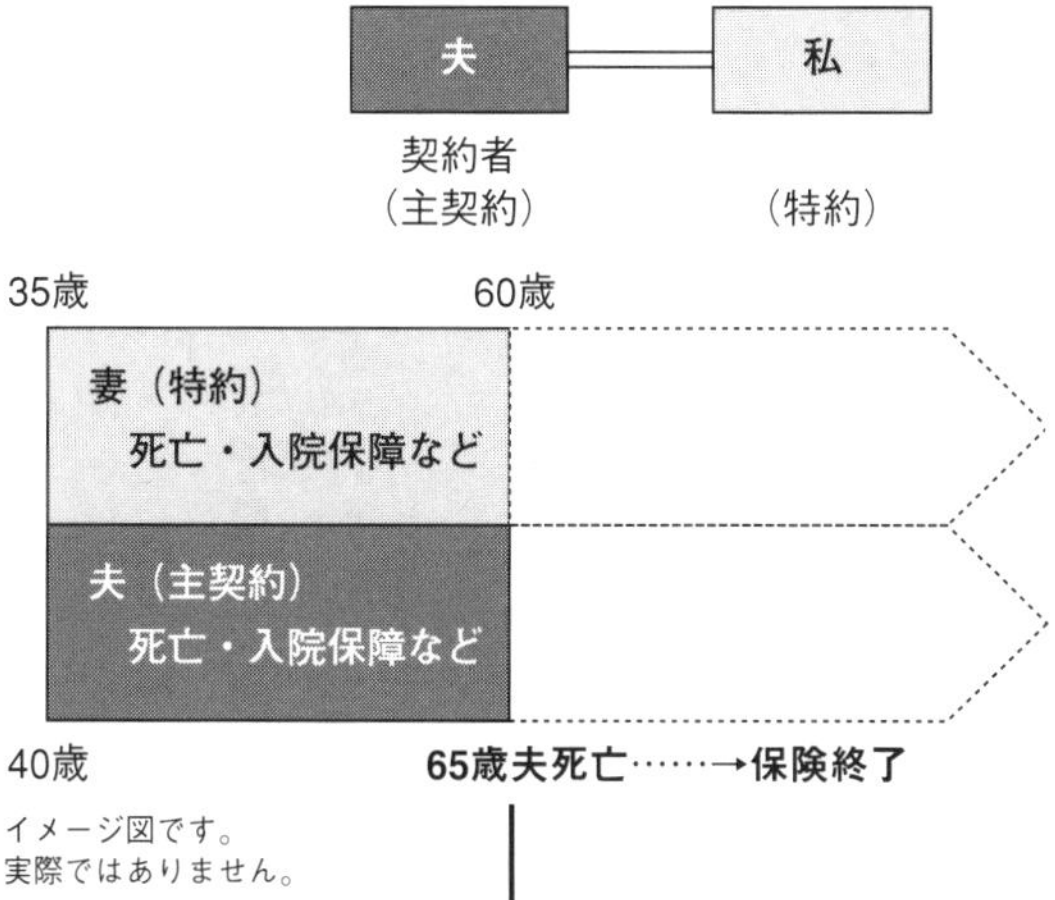
夫
私
契約者
（主契約）
（特約）
35歳
60歳
妻（特約）
死亡・入院保障など
夫（主契約）
死亡・入院保障など
40歳
65歳夫死亡……→保険終了
イメージ図です。
実際ではありません。

↓

妻（60歳）の特約も終了（無保険者状態）

↓

妻の60歳からの保険への新規加入は、保険料が高くなり
病歴があると加入できないケースも考えられる。

↓

回避

↓

夫婦別々の生命保険に加入したほうがよい場合もあります。
ただし、保険料はすこし高くなります。

QUESTION!
受け取った生命保険金を子供達にあげると税金がかかる？

夫が亡くなって、生命保険金を受け取りました。保険金をできれば小さい子をかかえて生活が大変な子供達にあげたいと考えています。子供達に税金がかかるのでしょうか？

答え：贈与税がかかる

生命保険金を受け取ると、そのお金を子供さんやお孫さんに渡されるケースも多いようですが、これは贈与税の対象となります。保険金をもらったからといって、簡単に保険金という現金を贈与しないようにしましょう。

生命保険金の受取人が指定されている場合は、受取人以外の人が受け取ると、贈与税が発生するのでご注意。

Q 生命保険金の受取人が亡くなった！　どうしたらいい？

生命保険の契約をした時、死亡保険金の受取人に指定した母が、急に亡くなってしまいました。保険金の受取人はどうしたらよいでしょうか？

A 受取人の変更手続きをします

生命保険の保険金受取人が亡くなった場合には、受取人を変更する手続きが必要です。契約している生命保険会社に、早めに連絡してください。

Mr.保険のワンポイント・アドバイス

法定相続人を受取人とする場合もありますが、受取人を指定したい場合、変更を忘れずに。

Q 生命保険金の税金はどうなっているの？

生命保険金を受け取ったときの税金はどうなりますか？ 契約者や受取人が誰かによって、違いがありますか？

A 被保険者・契約者（通常は保険料負担者）・受取人・満期or死亡で税金が違います

生命保険金を受け取る場合、その保険金が死亡によるものか、満期によるものか、保険料は誰が支払っていたのか、などによって税金が違います。

〈生命保険金を受け取ったときの税金〉

〜夫婦の場合〜

区分	被保険者	保険料負担者	受取人	保険事故等	課税関係
①	夫	夫	夫	満期	夫の**一時所得**※
②	夫	夫	妻	満期	妻に**贈与税**
③	夫	夫	妻	夫の死亡	妻に**相続税**
④	妻（契約者）	夫	妻	夫の死亡	妻に**相続税**（生命保険契約に関する権利）
⑤	妻	夫	夫	満期	夫の**一時所得**※
⑥	妻	夫	夫	妻の死亡	

国税庁「暮らしの税情報」より

※**一時所得**の場合の課税所得の計算式

＝｛（保険金－支払保険料）－50万円｝× ½

Mr.保険のワンポイント・アドバイス

子が契約者（＝通常は保険料支払者）になっていても、実際は保険料を親が払っている場合は、親が負担者とされます。

Q 生命保険金には相続税がかかるの？（生命保険金の非課税制度）

生命保険の契約をしていた夫が亡くなりました。受取人には法定相続人を指定しており、法定相続人は三人です。この保険金には相続税がかかりますか？

A 相続税の非課税制度があります

生命保険の契約者が亡くなった場合は、

「生命保険金の非課税＝五〇〇万円×法定相続人の数（※）」

までは、受け取った保険金から控除できますので、これを超えた分だけが、他の相続財産と合算されて、相続税が計算されます。

ご質問の場合、五〇〇〇万円×三人＝一五〇〇〇万円まで相続税はかかりません。

※法定相続人の数とは？

1．相続の放棄をした人がいても、その放棄がなかったものとした場合の相続人の数をいいます。

2．法定相続人のなかに養子がいるときは次の人数を法定相続人に含めます。

①被相続人に実子がいる場合………養子のうち一人まで

②被相続人に実子がいない場合……養子のうち二人まで

Mr.保険のワンポイント・アドバイス

生命保険金は、遺族の今後の生活の「資金」になりますから、非課税制度を上手に利用したいものです。

Q 生命保険の受取人は孫。保険料に税金はかかるの？

生命保険を祖母が孫を受取人として契約しました。被保険者は祖母です。なお、契約者の祖母が保険料を払うことになっています。祖母は、保険料を毎月支払うのですが、これには税金がかかるのでしょうか？　孫への「定額贈与」になるのでしょうか？

A 祖母が死亡した時に、相続税が課税されます

毎月の保険料は、祖母から孫への贈与にはならず、孫が保険金を受け取るときになって、受け取った保険全額に対して相続税が課税されることになります。

ご質問の例は契約者（＝保険料負担者）が祖母、被保険者は祖母の契約です。死亡保険金の受取人が孫であるので、被保険者である祖母が亡くなった場合には、祖母からの

相続税の課税対象となります。なお、受取人は孫のため、孫は指定受取人となるので、孫は祖母の相続人にならなくても、生命保険金を受け取ることができます。

なお、被相続人の一親等の血族及び配偶者以外の人が指定されて保険金を受け取る場合は、相続税の二割加算があるので注意してください。

Mr.保険のワンポイント・アドバイス

生命保険金を受け取るときには「真実の保険料負担者は誰？」が大きなポイントです。なお、「孫養子」は、一親等の血族には含まれません（代襲相続人の場合を除く）。

〈死亡保険金の課税関係〉

保険料の負担者	被保険者	保険金受取人	税金の種類
A（祖母）	A（祖母）	B（孫）	相続税
B	A	B	所得税
B	A	C	贈与税

（注）被保険者Aが死亡したものとした場合

Q 生命保険の被保険者が亡くなった。相続税は相続人と相続人以外では違うの？

生命保険の被保険者が亡くなった場合に、相続税の計算は相続人とそうでない人とでは違いがありますか？

A 相続人にだけ、控除があります

生命保険金の受取人が「相続人」である場合と、受取人が「相続人でない」場合によって計算が異なります。

〈生命保険金の非課税＝五〇〇万円×法定相続人の数〉

は、あくまでも相続人にだけ適用されます。相続人以外が受け取る場合には、この非課税の適用がありませんので、注意してください。

生命保険金の非課税の「法定相続人の数」は、

1．相続の放棄をした人がいても、その放棄がなかったものとして、計算します。

2．法定相続人のなかに養子がいるときは、次の人数を含めます。

①被相続人に実子がいる場合……養子のうち一人まで

②被相続人に実子がいない場合……養子のうち二人まで

Mr.保険のワンポイント・アドバイス

退職金の非課税制度も同じように取り扱われます。

Q 事故で夫が亡くなり自賠責の損害保険金を受け取った。相続税の申告は必要？

夫が交通事故に遭い亡くなりましたので、加害者から自賠責保険や自動車任意保険の保険金を受け取りました。この受け取った保険金は相続税の申告が必要でしょうか？

A 申告しないでOK

交通事故の加害者から、遺族の方が受け取った死亡保険金・被害者が受け取った損害賠償金には、税が課税されません。身体等に対する損害賠償金のようなものについては、申告義務がありませんので、ご質問のように相手から受け取った、交通事故が原因による自動車保険（強制保険・任意保険を含む）の保険金は相続税の申告には加算しません。また、損害賠償金には所得税もかかりません。ただし、損害賠償金を受け取ることになっていた被害者が、受け取る前に死亡した場合には、その損害賠償金を受け取る権利が相続財産とされ相続税の対象になります。

Mr.保険のワンポイント・アドバイス

心身が傷ついたことでもらったものは、原則、税金が非課税となっています。

Q

相続を放棄した場合、生命保険金はどうなる？

私には多額の借金があります。借金のことでは、これまでにも父にずいぶん迷惑をかけてきました。その財産家の父が亡くなりました。他の兄弟の手前、私は相続放棄の手続きをしました。
その後でたまたま、父の生命保険金の受取人が私になっていることがわかったのですが、受け取ることができるでしょうか？

A

保険金は受け取れるが、非課税控除は使えません

保険金の指定受取人になっていれば、保険金を受け取ることはできます。ただし、ご質問のように相続を一度放棄すると、保険金の受け取りは、たとえ同じ人であっても、

相続人以外の者が「遺贈《いぞう》」により取得したものとされます。このため、相続税の生命保険金の非課税控除は使えません。

Mr.保険のワンポイント・アドバイス

放棄した人は、「相続人」でないので、「相続人」と同じ優遇規定は適用されません。

Q がん保険の入院給付金は税金がかからないの？

夫ががんと診断され、一ヵ月間入院しました。先日、がん保険の入院給付金が受取人である私の口座に、三〇〇万円入金されてきました。これは、確定申告が必要でしょうか？　なお、がん保険の契約者は夫で、退院後はすっかりよくなり、元気に働いています。

A 確定申告は不要。所得税は非課税です

がんになったことで支払われる入院給付金等は、「身体の傷害に基因して支払いを受けるもの」に該当しますので、所得税は非課税となります。

なお、契約者が受け取った場合はもちろん、その身体に傷害を受けた人の配偶者、直

系血族、生計を一にするその他の親族が受け取った場合でも、非課税となります。また、一時金で受け取る場合だけでなく、「年金」として受け取る場合も同じ取り扱いです（所得税法基本通達9－20・21）。

Mr.保険のワンポイント・アドバイス

税法は、心や身体の傷害に起因するものまでは、税金を課さない！　と粋な配慮をしています。受け取る原因が「保険金」としてか「給付金」としてかによって税金の課税が異なります。

Q 会社契約の生命保険を個人に名義変更すると税金は？

会社を経営している夫が倒れ、医者から、これから一生歩行ができないと言われました。会社は一〇年経営していますが、借入金が多く、個人の生命保険の解約や資産の売却で、借入金をすべて返済しました。

会社を閉鎖する直前に夫が倒れましたので、会社契約の夫の保険を解約するのが遅くなりました。会社契約の生命保険を個人に変更すると、税金がかかるのでしょうか？

この会社契約の生命保険には、入院特約があり、できることなら、契約者を夫に変更したいと思っています。解約返戻金は三〇〇万円くらいです。

なお、会社の役員は、夫と私と私の両親です。資金はこれ以上ありません。

A 退職金として支払う方法も

おっしゃるとおり、通常、会社契約の生命保険を個人に変更すると、その変更時点の解約返戻金などをもとにして、給与課税をされます。しかし、ご主人の場合、これからさき、病気をしたあとで生命保険に入るのは難しいと思います。唯一、会社契約の生命保険が残っているのなら、人道的な面からも解約するのはしのびないと思います。生命保険の契約はそのままに、その解約返戻金相当額を夫（社長）の「退職金」として支給してはいかがでしょうか。ただし、役員退職金は、原則、株主総会の決議などが必要となります。

Mr.保険のワンポイント・アドバイス

株主総会の決議事案に「人道的な面から特別に支給する」などと入れてみてはどうでしょう。

第三章

相続

Q どんな財産に相続税がかかるの?

A 基本的には金銭的に見積もることができる経済的価値があるものにかかります

遺産とは、亡くなった方が遺された財産をいいますが、その財産は相続税が課税されるものと、課税されないものとに分けられます。相続税が課税されるものを、相続税の「課税財産」といい、課税されないものを「非課税財産」といいます。

なお、次の財産も相続税の課税対象となります。

1　みなし財産（相続や遺贈によって取得したものとみなされる財産）
死亡退職金、死亡保険金（被相続人が保険料を負担）など。ただし、相続人が受け取った生命保険金等や退職手当金等については、一定金額までを非課税としています。

2　相続開始前三年以内贈与財産（亡くなった人つまり被相続人から、その死亡前三年以内に贈与により取得した財産）

3　相続時精算課税の適用を受ける贈与財産
被相続人から、生前、相続時精算課税（一一八ページ参照）の適用を受ける財産を贈与により取得した場合には、その贈与財産の価額（贈与時の価額）を相続財産の価額に加算して、相続税を計算します。

Mr.相続のワンポイント・アドバイス

形見の指輪も相続財産になります。残念ですが、税務署の立場からすれば、現金化できるものから判断されるでしょう。

〈課税財産〉
相続税がかかる財産

①不動産
土地（借地権も含む）・家屋など

②事業用財産
商品、売掛金など

③有価証券
株式、出資、国債、証券投資信託など

④現金・預金
現金、普通預金、定期預金、金銭信託など

⑤家庭用財産
家具、家財道具など

⑥そのほかの財産
生命保険金、退職手当金、立木、自動車、書画・骨董、電話加入権、特許権、著作権、ゴルフ会員権、貸付金など

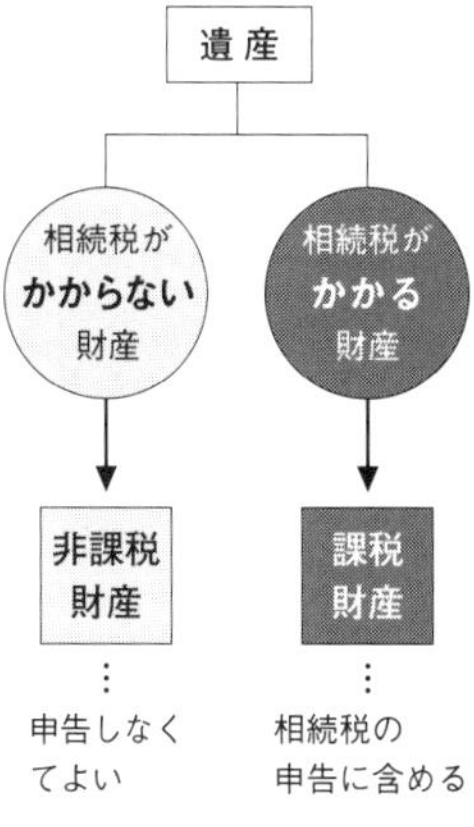
遺産
相続税がかからない財産
相続税がかかる財産
非課税財産
課税財産
申告しなくてよい
相続税の申告に含める

Q おなかの赤ちゃんは財産を相続できるの？（胎児の相続）

先日、夫が急死しました。私のおなかには、三ヵ月になる赤ちゃんがいます。はじめての子です。夫の両親は健在で、夫には兄弟が二人おりますが、この子は亡くなった父親である夫の相続人になれるのでしょうか。まだ赤ちゃんの名前も決めていませんが、この子も相続税を申告することになるのでしょうか？

A 相続人となります

民法では、「胎児は、相続については、既に生まれたものとみなす」と規定され、子として相続権があります。しかし、胎児がある場合、その胎児が生まれた後に遺産分割が行われるのが原則です。相続税法上でも、通達において、相続人のうちに胎児がある場合で、相続の申告書提出時において、まだ、その胎児が生まれていないときは、その胎児がいないものとして、各相続人の課税価格を計算するものとするとされています。相続税の申告期限は、相続開始の日の翌日から一〇ヵ月以内です。ご質問の事例では、相続税の申告期限内に出生するものと思われますので、遺産分割は出生後でよろしいと思います。

Mr.相続のワンポイント・アドバイス

あらかじめ、このような事態が生じる場合には、税務署などにアドバイスを受けるのも、一法です。

Q 同じ母から生まれた子でも婚姻の子と婚姻外の子の相続分は異なる？

私はスナックを経営しており、二人の娘との三人家族です。上の娘は大学時代に結婚した元夫との子で、下の娘は、お店の常連さんとの間の子で、認知はされていません。私には、少しですが、親から引き継いだ資産もあります。もし、私が亡くなったら、娘二人がそれぞれ二分の一ずつ分けてくれればよいと思っています。私の両親は、すでに他界しており、ほかに兄弟姉妹もおりません。娘達が、平等に相続する方法はありますか？

〈婚姻の子と婚姻外の子〉

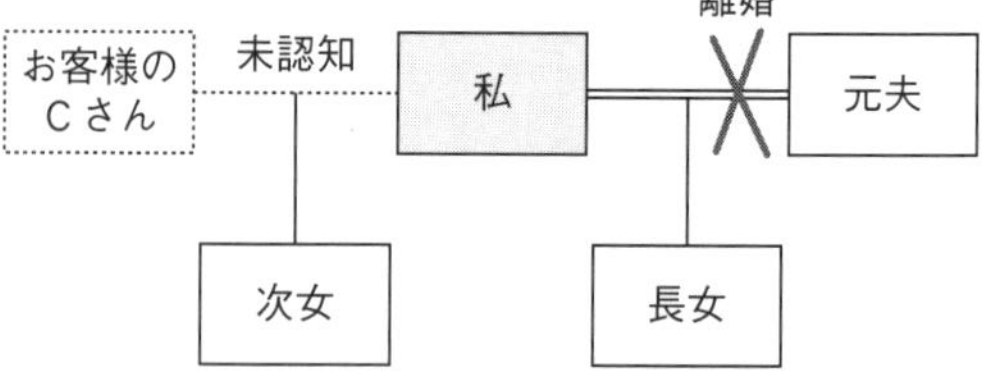

A 法定相続分は異なるが、遺言書を書けば大丈夫

民法において、実子には、「嫡出子」と「非嫡出子」があります。嫡出子とは、父母の婚姻関係が継続している間に生まれた子をいい、非嫡出子とは、婚姻関係にない男女間に生まれた子をいいます。嫡出子は父との親子関係が推定されますが、非嫡出子は父の認知が必要となります。母親については出生で確認できるので、認知が必要ありません。現在の民法の考えでは、右記の通り、母親が同じでも、婚姻期間の間に生まれた子は嫡出子、婚姻以外で生まれた子は非嫡出子となり相続分も嫡出子の二分一となります。ご質問の事例で、長女と次女に均等に相続させたい場合は「相続財産を長女と次女に、それぞれ二分の一ずつ相続させる」と遺言書を残せば、望みが叶えられそうですね。

Mr. 相続のワンポイント・アドバイス

子供はすべて、形こそ異なっても、できる限り平等に扱いたいものですね。

QUESTION!
「法定相続分」ってなに？

答え：法律で決められた遺産を分配する割合

相続人に子や養子がいる、いないなどにより分配する割合は違ってきます。このほか相続分には亡くなった人が遺言で相続分を指定する「指定相続分」があります。

〈法定相続分の主な例〉

順位	相続人	法定相続分
1	子がいる場合	配偶者 1/2 子 1/2（人数分に分ける）
2	子がいない場合	配偶者 2/3 父母 1/3（父母がともに相続人の場合はそれぞれ1/3×1/2）
3	子も父母もいない場合	配偶者 3/4 兄弟姉妹 1/4（人数分に分ける）

Q 死亡後に隠し子が出てきた！ 相続人となる？（非嫡出子）

父が先月亡くなりました。父と母は、誰が見てもとても仲の良い夫婦でした。葬儀の時、年配の女性と小学校低学年の男の子が、相続人である母と私と妹に挨拶にきました。お話を伺いますと、父が東北の支店へ出張の際、小さなスナックの女性との間にできた子供だそうです。その子供が生まれて父は認知をしたが、その女性は病弱で、男の子が二歳のときに亡くなり、祖母である年配の女性に引き取られ、以後、父が、父の小遣いで祖母と子供の面倒を見てきたようです。相続人は四人となるのでしょうか。母も私も妹も、異母兄弟の出現で複雑な心境ですが、内心は喜んでいます。

A 弟も相続人となります

父親が認知した場合は、非嫡出子として相続権を有することになります。遺言がなければ、法定相続分は下記のようになります。

母（配偶者）　½＝○・五（一○分の五）

私　½×⅖＝○・二（一○分の二）

妹　½×⅖＝○・二（一○分の二）

弟（非嫡出子）　½×⅕＝　○・一（一○分の一）

ただし、相続人間で協議が成立すれば、法定相続分以外で分割協議書を作成してもけっこうです。また、弟さんは未成年者ですので、家庭裁判所において、「特別代理人選任申立書」を提出しなければなりません。この場合、弟さんの祖母が特別代理人となれます。

〈死亡後に現れた非嫡出子の法定相続分〉

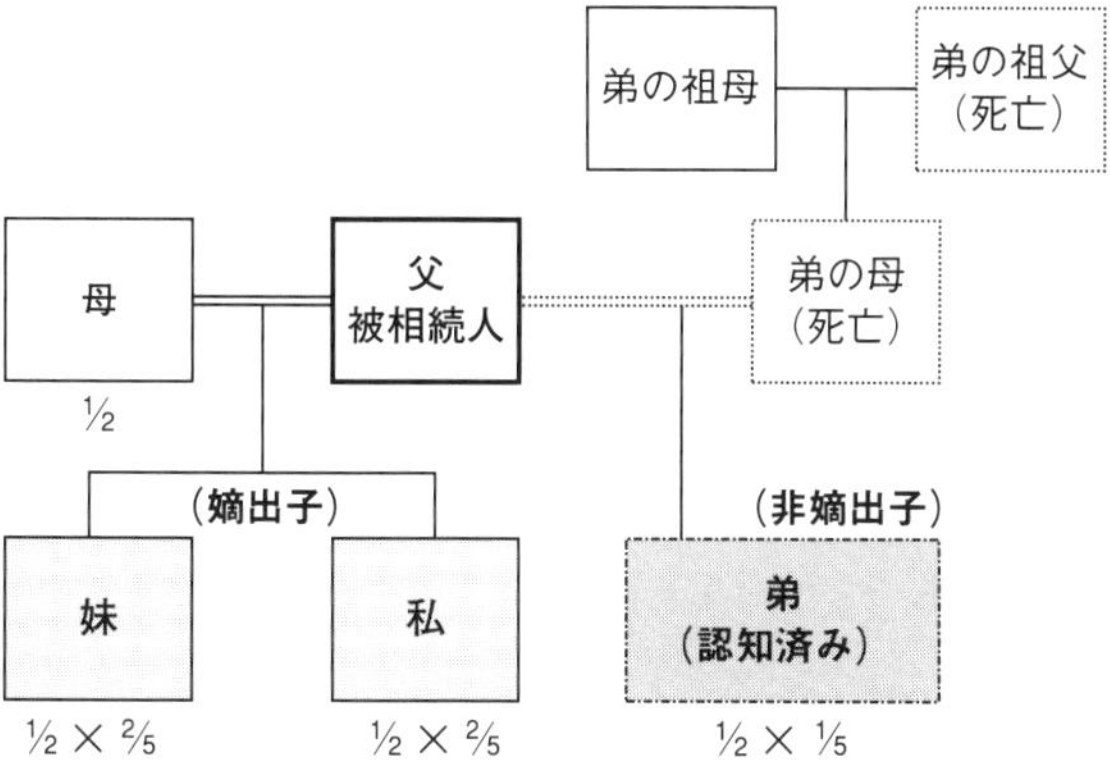
弟の祖母
弟の祖父（死亡）
母
父 被相続人
弟の母（死亡）
½
（嫡出子）
（非嫡出子）
妹
私
弟（認知済み）
½ × ⅖
½ × ⅖
½ × ⅕

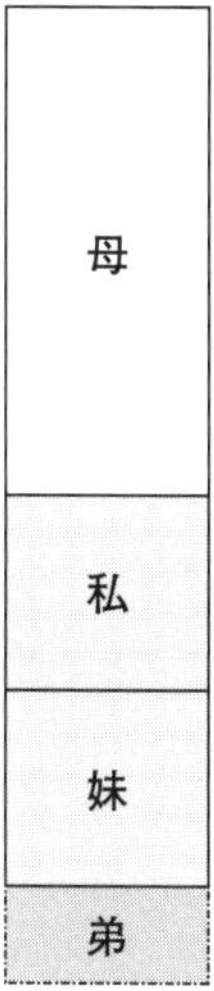
母
私
妹
弟

母　½ ＝ 0.5（50%）

私　½ × ⅖ ＝ 0.2（20%）

妹　½ × ⅖ ＝ 0.2（20%）

弟　½ × ⅕ ＝ 0.1（10%）

QUESTION!

相続が発生！　いつまでに申告する？

大切な人を見送ってから、はや四十九日も過ぎました。形見分けをしていると、長男が「財産はどのくらいあるの？　相続税がかかるのかな？」といいました。相続税がかかるかどうかわかりませんが、亡くなってから、いつまでに申告するのでしょうか？

答え：一〇ヵ月以内

相続税は、「相続の開始を知った日の翌日から一〇ヵ月以内」に申告と納付をします。「相続の開始を知った日」とは、「亡くなったことを知った日」です。(例) 死亡日　二月一日↓申告・納付期限　一二月一日

相続が発生しますと、申告、納税はいずれも一〇ヵ月以内にしなければなりませんが、遺産に係る基礎控除額(五〇〇〇万円＋一〇〇〇万円×法定相続人の数)のほうが多ければ申告も納税も不要です。

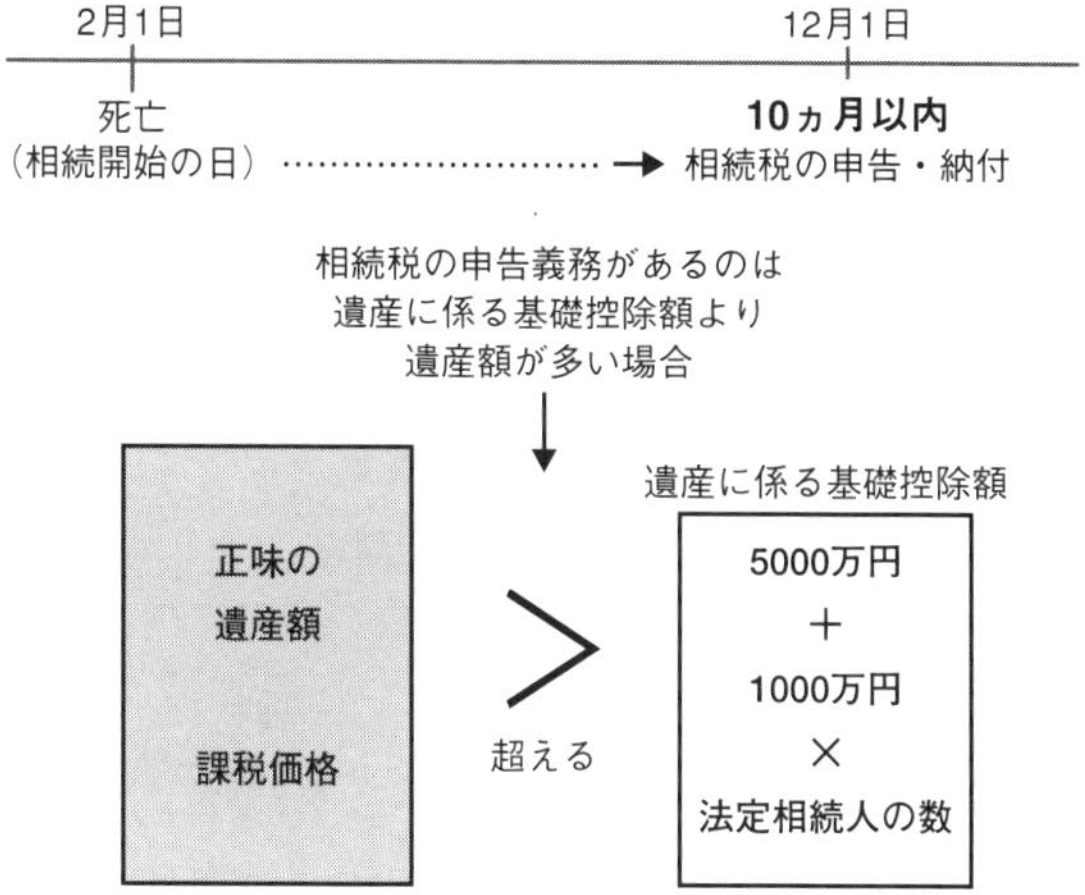
2月1日
12月1日
死亡
(相続開始の日)
10ヵ月以内
相続税の申告・納付
相続税の申告義務があるのは
遺産に係る基礎控除額より
遺産額が多い場合
正味の
遺産額
課税価格
超える
遺産に係る基礎控除額
5000万円
＋
1000万円
×
法定相続人の数

Q 相続放棄のタライ回しは怖い？（相続放棄）

夫が亡くなりました。財産といえば自宅ぐらいで、財産よりも負債がかなり多くなっています。相続人は、私と長女の二人です。私と長女が相続を放棄すると、夫の両親が負債を相続することになってしまうのでしょうか。夫の両親は高齢で、財産は自宅のみの年金暮らしです。この両親に負債を継がせるのはしのびないのです。何かよい方法はないでしょうか？

A 限定承認しましょう

〈相続順位〉

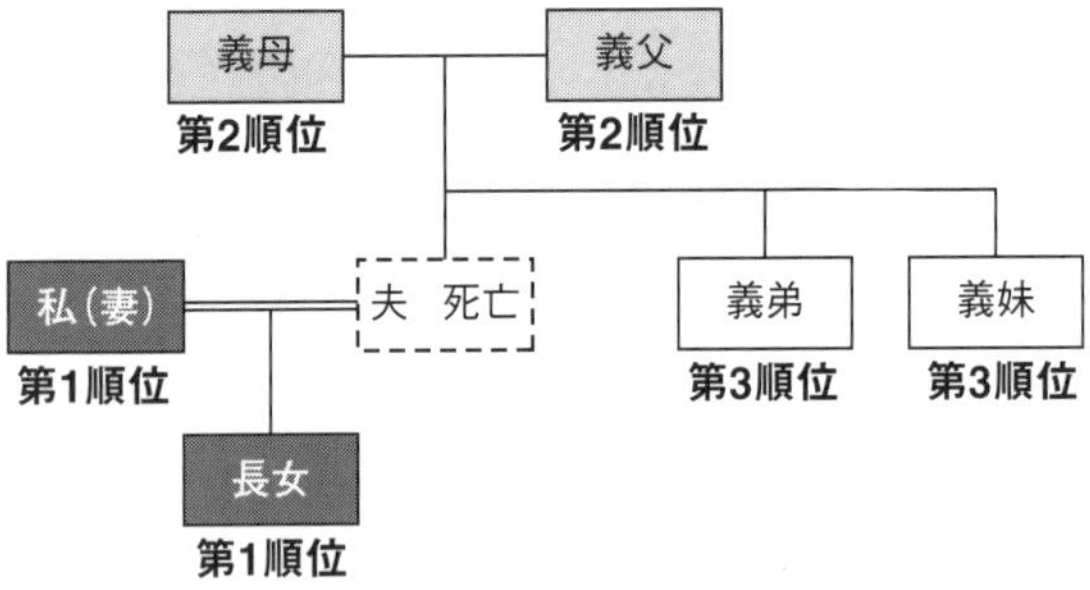
義母
第2順位
義父
第2順位
私（妻）
第1順位
夫　死亡
義弟
第3順位
義妹
第3順位
長女
第1順位

民法上、原則、相続人は、自己のために相続の開始があったことを知った時から三ヵ月以内に、相続について、単純若しくは限定の承認または放棄をしなければならないとされています。相続を放棄した人は、最初からいなかった者とみなされ、その次の順位の親族が相続人となります。ご質問の場合、相続人は妻と長女の二人となりますが、その二人ともが相続を放棄すると、亡くなった夫（被相続人）の次の順位の親族である夫の父母が相続人となり、権利と義務を承継することになります。また、もし、夫に兄弟がいる場合で、夫の父母がその相続を放棄すると、夫の兄弟に権利と義務が相続されることになります。したがって、第一順位の相続人である妻と長女が、家庭裁判所に三ヵ月以内に「限定承認」をすると、妻と長女で権利義務が終了します。

Mr.相続のワンポイント・アドバイス

一般には、相続関係の窓口は、「家庭裁判所」です。そして、届け出も期限があります。その期限を守らないと、あとで悔やむことになりかねませんので気をつけましょう。

Q もらえる財産より借金が多い！だれも借入金を相続しないですむ方法は？（限定承認）

母親は、都内駅前にビルを二棟所有しています。このビルはバブルの時、父親が先祖からの土地に建て、一五年前に母が相続したものです。その後、土地の値段が下がり、二棟のビルと土地の時価が三億円で、現在の借入金の残高が四億円となっています。もし、母が亡くなったあと、相続人となる私と弟がこの相続を放棄すると、次の相続順位の祖父母がこの借入金も相続することになると聞きました。私も弟も、祖父母も借金を相続しなくてもよい方法はないのでしょうか。

〈相続順位〉

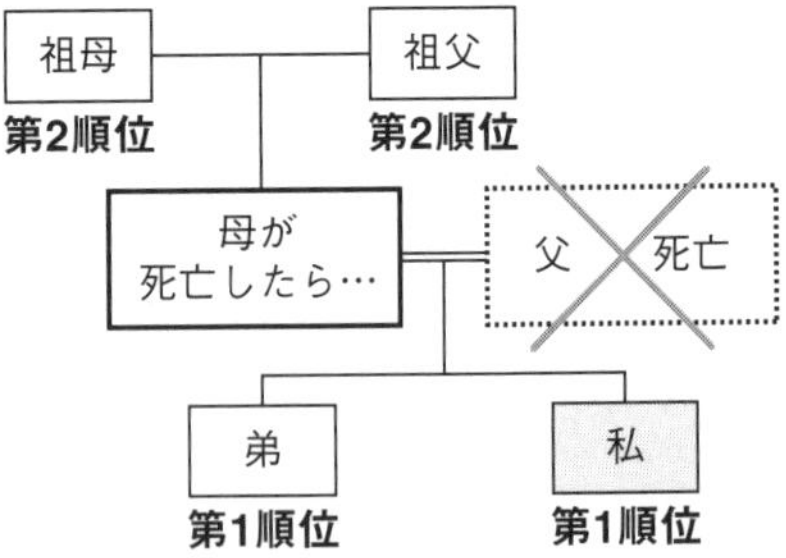

A 限定承認します

「限定承認」とは、相続によって得た資産の限度で負債を負担することをいいます。

つまり、相続の負債が資産を上回った場合でも、相続資産の範囲内で負債を支払えばよいということです。限定承認をする場合も、相続放棄と同じく、熟慮期間があり、相続開始を知った時から三ヵ月以内に家庭裁判所に共同相続人の全員が共同して申し立てをしなければなりません。相続放棄のように、相続人の一人が単独ではできませんのでご注意ください。

また、この場合、家事審判申立書（相続の限定承認申述書）とともに、被相続人および相続人全員の戸籍謄本等と財産目録を作成して提出する必要があります。そのほか、

〈限定承認〉

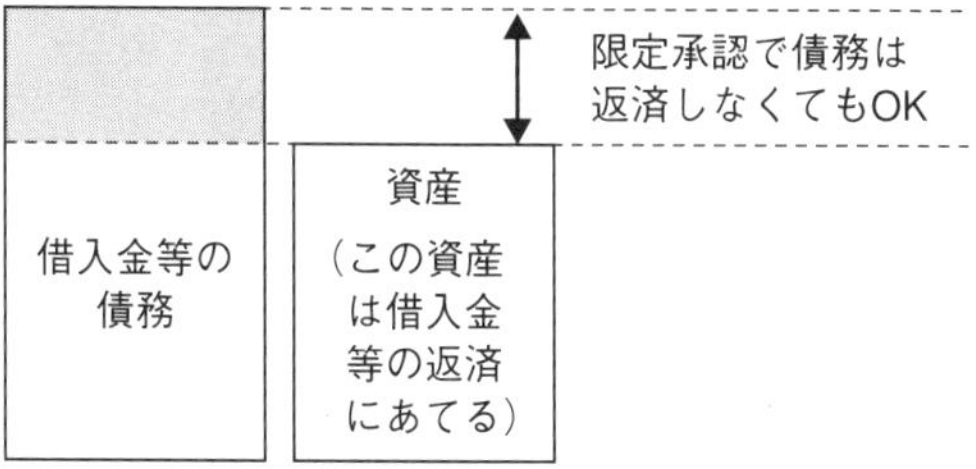
限定承認で債務は
返済しなくてもOK
資産
（この資産
は借入金
等の返済
にあてる）
借入金等の
債務

限定承認における税務上のリスクについては、相続人の相続債務自体が減少するわけではありませんので注意してください。

Mr.相続のワンポイント・アドバイス

時に債務のほうが財産より大きい方の突然死などで、あらかじめ相続の対策を講じていなかった場合には、大変です。

Q 創業者の義父が会社へ貸し付けた貸付金も相続財産になる？（貸付債権）

夫は、二代目の社長です。義父が創業者で、バブルが崩壊してから夫の会社は赤字が続いています。会社はその義父から、三〇〇〇万円の借入金があります。もし、高齢の義父が亡くなったら、義父から会社への貸付金は相続財産になるのでしょうか？

A 相続財産となります

もし、義父が亡くなったら、義父の相続財産となります。バブル崩壊後、多くの同族会社が赤字経営となり、銀行からの融資だけでは足りなくなり、社長または会長など家族からの借入金が増えているようですが、銀行からの借入金の返済が優先で、社長・会長からの借入金の返済は後回しになっているのが現状です。あなたのご主人の会社も同様に、家族からの借入金が多いようですが、左記の二つの方法が考えられます。

1.【増資】義父からの借入金を資本金へ振り替えて増資する

2.【債務免除】青色欠損金額があれば、その青色欠損金額の範囲内の債務免除益であれば、結果として法人税が課税されない場合があります

ただし、株式等の価値が上がった場合、他の同族株主へ贈与税が課税されることがありますので、注意が必要です。

Mr.相続のワンポイント・アドバイス

中小企業の多いわが国ですが、どうしても、社長による貸し付けの場合が多いので、相続のときに、貸し付けたままで、評価しても、永久に返ってこない場合も多いようです。十分な検討と理解が必要です。

〈貸付債権対策〉

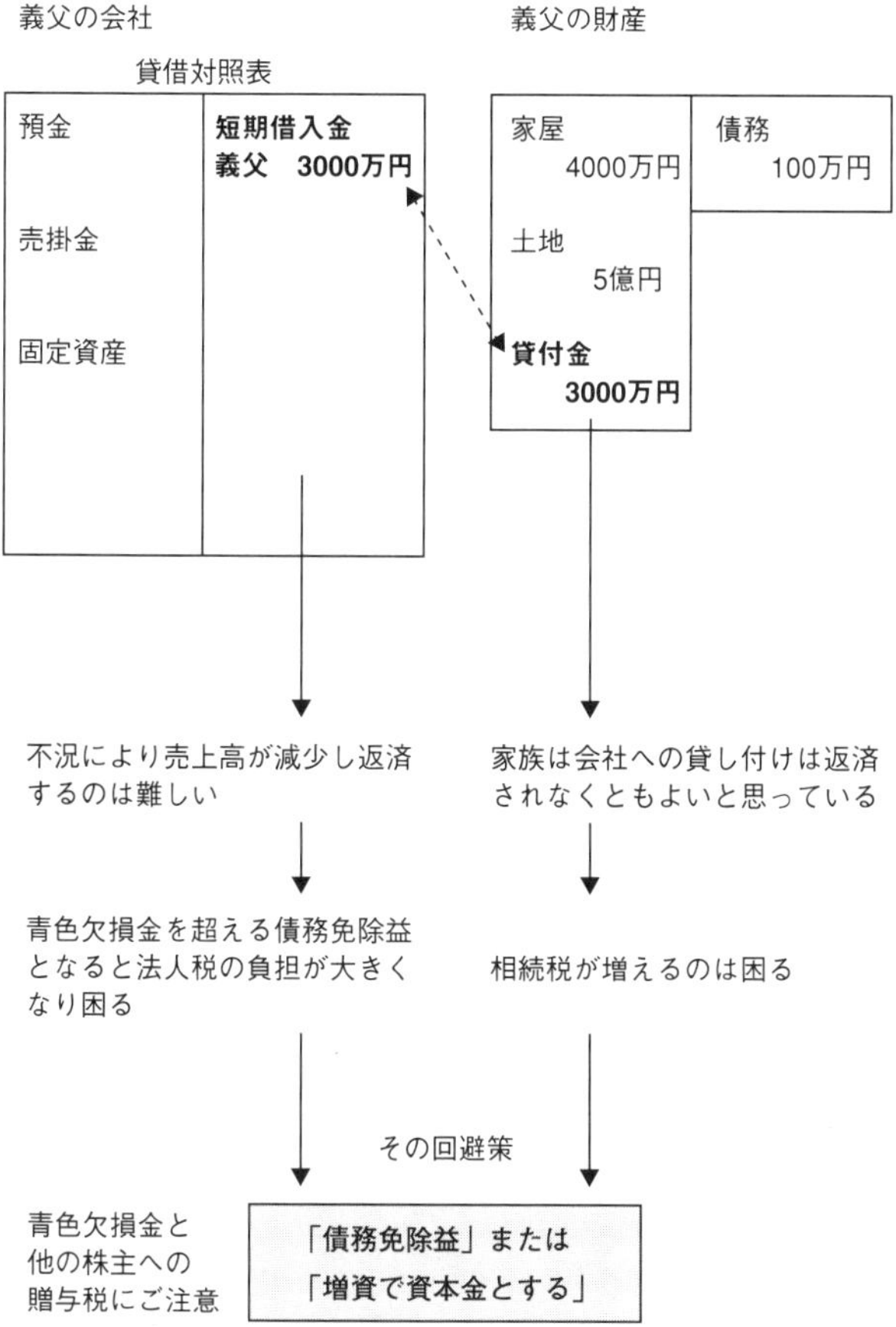
義父の会社
貸借対照表
預金
売掛金
固定資産
短期借入金
義父　3000万円
義父の財産
家屋
4000万円
土地
5億円
貸付金
3000万円
債務
100万円
不況により売上高が減少し返済するのは難しい
家族は会社への貸し付けは返済されなくともよいと思っている
青色欠損金を超える債務免除益となると法人税の負担が大きくなり困る
相続税が増えるのは困る
その回避策
青色欠損金と
他の株主への
贈与税にご注意
「債務免除益」または
「増資で資本金とする」

Q 相続財産から引かれる「葬式費用」ってなに？

同居の義母が亡くなりました。相続人は、夫と義妹の二人で、夫が喪主となり、私は、お坊さんへの支払いや、葬儀社への支払いや、香典返しなどで、とても疲れました。義母はお花の免許を持ち、お花の教室を長年やっていましたので、大勢のお弟子の方々やお花の業者の方々がお葬式にきてくださいました。相続財産から引かれる「葬式費用」とは、どのような費用をいうのでしょうか。

A 法律で決められたお葬式の費用など

債務控除の対象となる葬式費用は、一般には、相続人が負担した、左記の金額の範囲内のものとされています。

1. 葬式・葬送に際し、仮葬式・本葬式・火葬・納骨に要した費用
2. 葬式に際し、寺院等に対する読経料・御布施・戒名料等で、亡くなられた方の職業や財産等に照らし相当な程度として認められるものに要した費用
3. 葬式の前後に生じた通常の葬式に伴うと認められる死亡広告費用・会葬御礼に要する費用・お通夜の費用・飲食等に要した費用
4. 死体の捜索、死体・遺骨の運搬費用など

しかし、次の費用は、葬式費用には該当しません。

イ．香典返戻費用
ロ．墓碑・墓地の購入・借入料など
ハ．初七日費用等法会に要する費用
ニ．医学上又は裁判上の特別の処置に要した費用
ホ．葬儀に際して支払った親族の喪服借用料
へ．遠隔地から葬式に参列するための親族の交通費等

〈葬式費用は相続財産から控除する〉

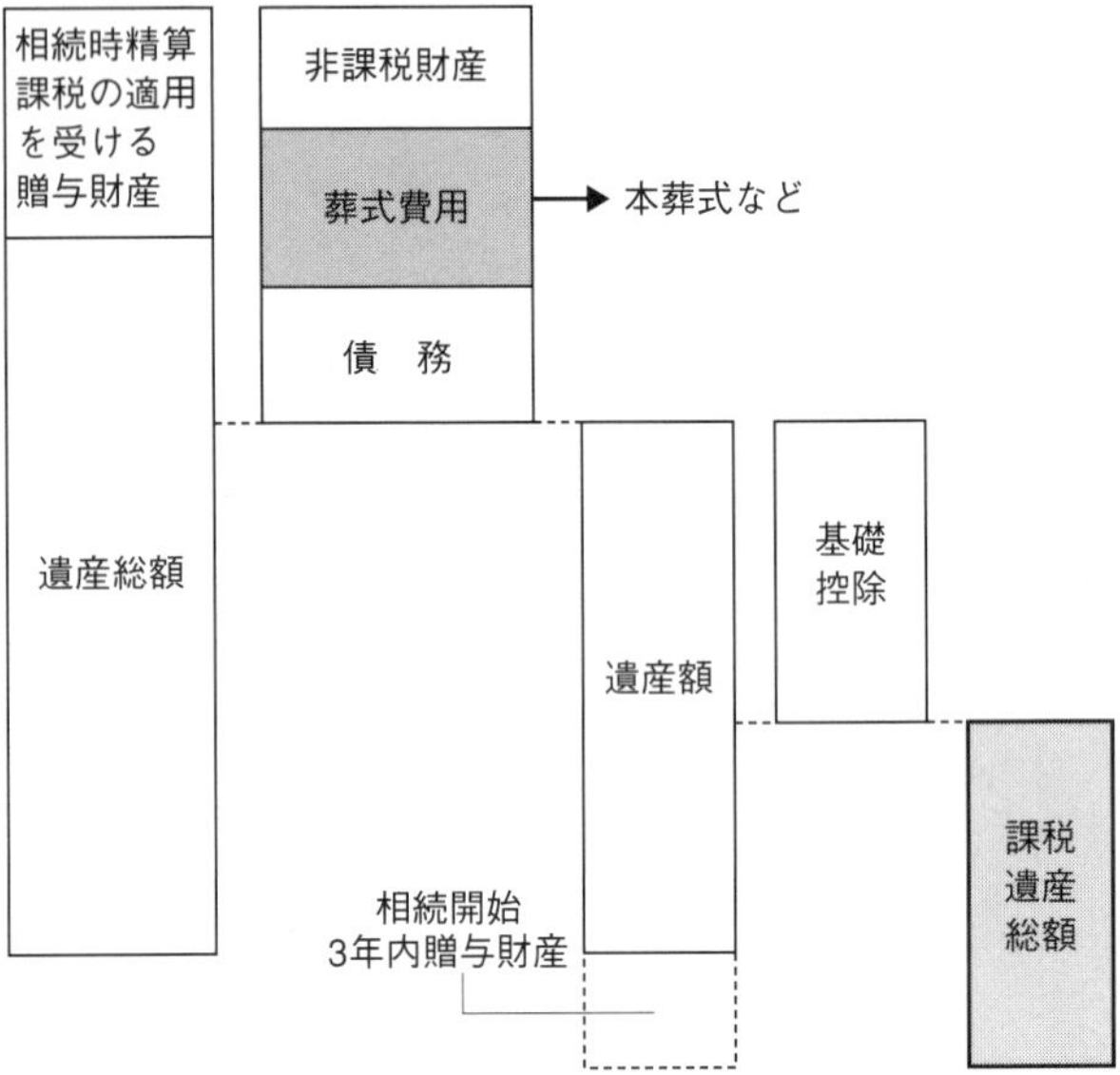
相続時精算課税の適用を受ける贈与財産
遺産総額
非課税財産
葬式費用
本葬式など
債　務
遺産額
相続開始3年内贈与財産
基礎控除
課税遺産総額

Mr.相続のワンポイント・アドバイス

相続は、亡くなった時点をとらえて財産状態をみますが、亡くなる前に、借金して墓地を購入しても、その借金は債務として考えません。

Q 相続人は妻の私だけ。評価額7億円の不動産の相続税はいくら？（配偶者の税額軽減）

私は夫と二人暮らしです。私達には子供もなく、お互いの両親も亡くなっており、夫も私も一人っ子のため兄弟姉妹もいません。もし、夫が亡くなったら、私は相続税をどのくらい払うことになるのでしょうか。夫の財産は、都心の自宅のみです。夫と結婚した時に買ったのですが、バブルのずいぶん前だったので、いまでは考えられないくらい安かったのです。相続税の評価で三二〇万円／㎡で、自宅は二二〇㎡あるので、七億円くらいと不動産屋さんからいわれました。

A 相続税は〇円！

配偶者のみが相続財産を引継ぐ場合には、一億六〇〇〇万円までは非課税ですので、法定相続人が一人の場合の相続税の総額は、左のように計算されます。「小規模宅地等の評価減」と「配偶者の税額軽減」を適用すると、あなたの相続税はありません。

相続財産	七億円
小規模宅地等の評価減	七億円×八〇％＝▲五億六〇〇〇万円
課税価格	七億円－五億六〇〇〇万円＝一億四〇〇〇万円
基礎控除	五〇〇〇万円＋一〇〇〇万円×法定相続人の数（一人）＝▲六〇〇〇万円
課税遺産総額	一億四〇〇〇万円－六〇〇〇万円＝八〇〇〇万円
算出税額	一七〇〇万円
配偶者の税額軽減	▲一七〇〇万円
相続税額	一七〇〇万円－一七〇〇万円＝〇円

Mr.相続のワンポイント・アドバイス

「小規模宅地等の評価減」と「配偶者の税額軽減」の規定を適用するためには一定期間内に共同相続人等によって分割された遺産分割協議書の添付や相続税は〇円でも申告が必要となります。

Q 別居している義母が住む自宅の土地が急騰！相続税を安くしたい！

私は、長男の嫁です。夫の父は五年前に亡くなりました。夫の母はまだ七〇歳ですが、郊外の一軒家に一人で住んでいます。私達は、夫の通勤のため、都心にマンションを購入して娘と三人で住んでいます。義母の住んでいる家は、新駅が近くにでき、土地の値段が以前の倍以上になっています。義母の家の相続税を安くしたいのです。どうしたらいいですか？

A 小規模宅地等の減額の特例が使えます

相続税は、その不動産を「居住継続、事業継続」「所有し、継続していく」かどうかによって、軽減割合の評価の考え方が違ってきますし、相続人にすでに所有する自己名義の不動産がある場合には、更にまた評価が異なります。

小規模宅地等の特例は、居住し、かつ継続する相続人に対しては二四〇㎡までは評価の八〇％割引です。居住・継続しない場合には、二〇〇㎡までは五〇％割引となります。ただし、相続時精算課税制度を選択して贈与により取得した宅地等については、この減額は対象外となります。

Mr.相続のワンポイント・アドバイス

相続税の負担をできるだけ軽くしたいと思うのは、人の常。特に、評価の必要なものについては、そう言えるでしょう。

Q 遺産分割協議書が遺言書と違っても大丈夫？（遺産分割）

半年前、父が亡くなりました。父の残した財産といえば、郊外にある自宅（時価二〇〇〇万円くらい）と、預金が三〇〇〇万円、あとは車や家財などで、一〇〇万円くらいです。相続人は、母と兄と私の三人です。遺言書があり、財産すべてを母にあげると書かれていました。しかし、母の希望で預金のうち一〇〇〇万円ずつを兄と私が相続し、残りの財産は、すべて母が相続する遺産分割協議書を作成し、それぞれ署名・捺印しました。遺言書とは違っていますが、この遺産分割協議書は認められますか？

A 認められます

遺言には、「包括遺贈」と「特定遺贈」があります。ご質問の内容は、「特定遺贈」に該当するものと考えられます。特定遺贈の受遺者は、原則、遺言者の死亡後いつでも遺贈の放棄をすることができます。特定遺贈を放棄するためには、特別の手続きは必要なく共同相続人に対し、意思表示することで効力が生じます。遺言に特別の指定がある場合などを除き、遺贈の全部または一部の放棄が可能と考えられ、母が遺贈を放棄したと考えられます。したがって、遺産分割により、兄と妹が預金をそれぞれ一〇〇〇万円ずつ相続し、残りの財産を母が相続・遺贈したものとされます。

Mr.相続のワンポイント・アドバイス

遺言書通りに執行すると、不都合が生じる場合もありますので、死亡を知った時から一〇ヵ月以内に、分割協議が整い、執行されれば、それが一番よい方法になるかもしれませんね。

Q 税務署からの「相続税の申告のお尋ね」ってなに？

父が亡くなりました。相続があると、税務署から「相続税の申告のお尋ね」が送付されてくるとお聞きしましたが、亡くなった場合には、全員に送られてくるのでしょうか？　もし、なにも送られてこなかったら、申告をしなくてもいいのでしょうか？

A 送られてくる場合もあるが、全員にではありません

人が亡くなりますと市・区役所等から税務署に、死亡通知書が送付されます。税務署は、過去に申告された不動産所得や、譲渡所得や、高額の給与所得者の資料から作成された「相続申告予定リスト」と照合します。亡くなられた人がそのリストに掲載されている場合は、数ヵ月後に、「相続税の申告のお尋ね」と一緒に、相続税申告書が、必ず

送られてきます。リストは左記の過去の資料から作成されます。

1．不動産所得・譲渡所得を申告した人
2．高額の給与・配当所得のある人、事業所得の多い人
3．株式・土地を譲渡した人
4．退職金・生命保険金を受けた人など

税務署は、右記の資料を大切に永久に保管しているので、脱税はできません。

Mr.相続のワンポイント・アドバイス

税務署では、亡くなられた方の遺産の相続において、遺族が申告を必要としているかどうかわかりませんので、さまざまな観点から「お尋ね」を送付しています。ただ、注意してほしいのですが、「申告納税」制度ですので、税務署から何も書類がこないからといってほうっておくことのないようにしましょう。

Q 相続税の申告期限内に申告内容を訂正したい。期限内に訂正申告できる？

二月に父が亡くなり遺言書がでてきました。相続人は、母と私と弟です。遺産は、自宅とアパートと預金で、全部で三億円でした。遺言で、「全財産を母にあげる」旨がありましたので、すぐに資産と債務の明細を作成し、六月には相続税の申告をしました。七月のお盆に、母が提出した相続税の申告書を見つめながら、弟と私が可哀想だと言いだしました。弟と私が預金一〇〇〇万円ずつを相続する遺産分割協議書を作成し、七月中に改めて相続税の申告書を提出したいと思いますが認められるでしょうか。また、以前に遺言者が、前に作成した遺言を自由に取り消すことが認められているとお聞きしました。この場合、前の遺言を撤回したと考えると、聞いたことがあります。相続税の申告書も、期限内に二つの申告書が提出できるのでしょうか。

A 期限内ならOK！

相続税の提出期限内に、相続税の申告書が二つ提出された場合は、通常、先に提出された申告書は、撤回されたものとみなされ、後に提出された申告書が有効となります。

ご質問の例では、訂正箇所のみ申告するのではなく、はじめて申告するつもりで、訂正箇所以外のすべても漏れなく記載（総額で表示）して、期限内に提出することをお勧めします。これを、「訂正申告書」といいます。

Mr.相続のワンポイント・アドバイス

期限内に、先に書かれた遺言書と、その後に書かれた遺言書の二つが見つかった場合、先に書かれた遺言書は、すべて効力を失い、後に書かれた遺言書が正しい本人の意思とされます。よく注意してください。

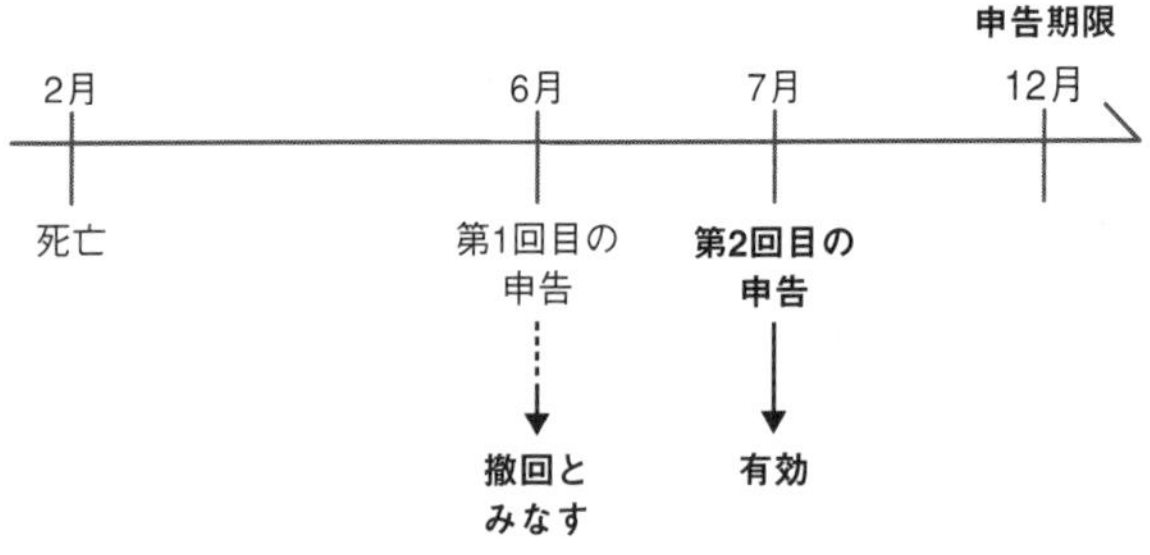
申告期限
2月
6月
7月
12月
死亡
第1回目の申告
第2回目の申告
撤回とみなす
有効

Q 相続財産は自宅だけ。どうやって二人で分ければよい？（代償分割）

母が亡くなりました。亡くなった母の財産は、母の住んでいた自宅だけで、相続人は兄と私の二人です。自宅を兄が相続すると、私には相続財産はないのでしょうか。

A 代償分割で財産をもらえます

ご質問のように財産が自宅のみで、現実に分割が困難なケースの場合は、財産の大部分を相続した相続人が、その相続人の固有の財産から他の相続人に対し金銭等を交付する遺産分割の方法があります。これを「代償分割」といいます。実務上はこのようなケースが多く、相続人間の利害調整によく利用されます。「遺産分割協議書」に、代償財産について記載する方法を取ります。

Mr.相続のワンポイント・アドバイス

「代償分割」は注意が必要です。

1. 代償金の支払金額・支払期日を必ず記載すること
2. 支払いは、分割は避けて、必ず、一括ですること
3. 金額の多寡により、抵当権などを付ける。兄妹でも、金銭の支払いのルーズさで、裁判になることもあります。

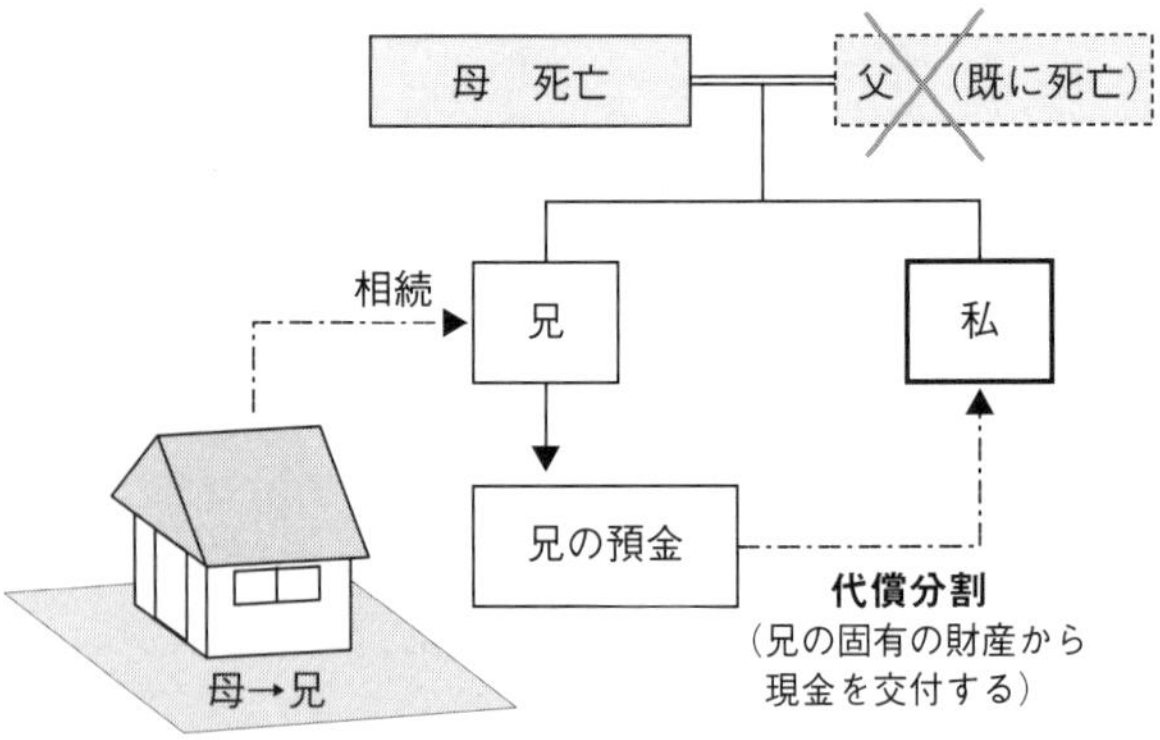
母　死亡
父（既に死亡）
相続
兄
私
兄の預金
母→兄
代償分割
（兄の固有の財産から
現金を交付する）

Q 父の生前に財産を多くもらった兄と公平にしたい！（特別受益）

父が亡くなりました。相続人は、母と兄と私の三人です。遺言書がありませんので、母が五〇％で兄と私が二五％ずつになるように、三人で遺産分割協議書を作成する予定です。しかし、母から聞かされている話では、兄は、医学部への入学で多額の寄付金を出してもらい、また、お金持ちのお嫁さんをもらったので、結婚する時も豪華な結婚式をしてもらいました。これでは不公平なので、父の相続財産に、生前兄に出した金額も加味して分けるべきだと話したいと思います。どのように分けたらよろしいでしょうか。父の相続財産が三億円で、兄が生前に受けた医学部への入学金および結婚式の費用などの合計額が、六〇〇〇万円ほどです。

A 父から生前兄がもらった分は相続分から控除されます

相続人のうちに、被相続人の生前に特別に金銭等の援助をしてもらった相続人がいる場合は、遺産を分割する際、相続人の間で不公平感が生じます。

そこで、民法では、特別受益者の特別受益額を、相続財産に加算して総額を算出し、その者については、その者の相続分からその特別受益額を控除した金額を、相続分として算定することにしています。ご質問の例では、相続分は左記のように考えられます。

相続財産（三億円）＋兄が生前に受けた特別受益額（六〇〇〇万円）＝財産総額　三億六〇〇〇万円

母　三億六〇〇〇万円×½＝一億八〇〇〇万円

兄　三億六〇〇〇万円×½×½－六〇〇〇万円＝三〇〇〇万円

私　三億六〇〇〇万円×½×½＝九〇〇〇万円

合計　三億円

今回の相続で、あなたは兄より多くもらいますが、兄の生前にもらった六〇〇〇万円を加算すると、あなたと同額となります。

〈特別受益額〉

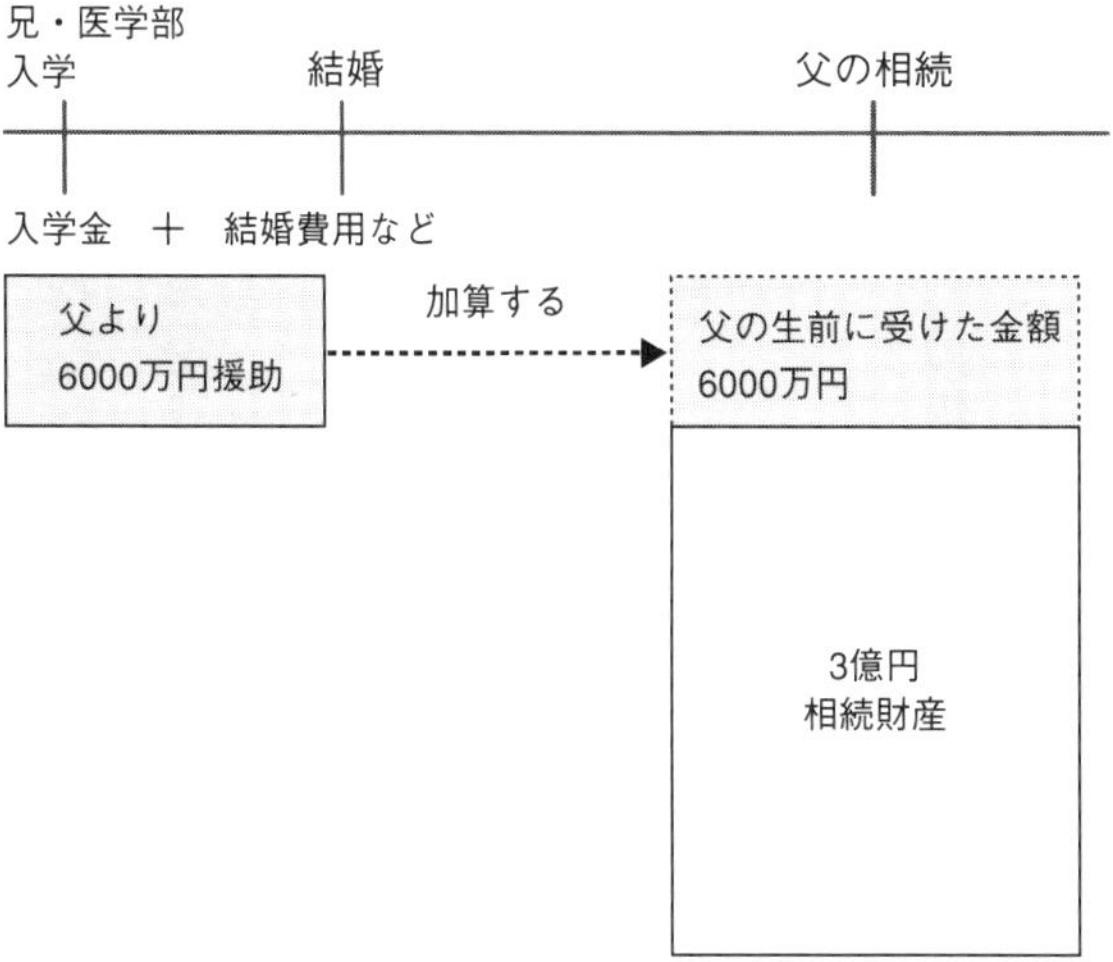
兄・医学部
入学
結婚
父の相続
入学金　＋　結婚費用など
父より
6000万円援助
加算する
父の生前に受けた金額
6000万円
3億円
相続財産

Mr.相続のワンポイント・アドバイス

相続で遺産分割協議をする場合、「不平等の中での平等」という考えを持って、お互いに理解しながら協議をすることが大切です。

Q 遺言で相続財産のほとんどが兄に！ 少しでも取り戻したい！

二月に母が亡くなりました。相続人は兄と私の二人です。遺産は、自宅、株式、現金・預貯金など四億円で、そのうち兄に自宅の三億円と株式六〇〇〇万円が遺贈されました。私は、株式と預金の四〇〇〇万円です。あまりにも不公平だと思いますが、なにかよい方法はないでしょうか。なお、兄は、勝手に自分だけの相続税の申告書を作り、六月に早々と提出いたしました。

A 遺留分の減殺請求をします

母親が亡くなったことを知った日および遺留分侵害の事実を知った時から一年以内

に、兄に対し「遺留分の減殺請求」をしてください。家庭裁判所において、遺産分割の調停の申し立てをして、遺留分である次の金額を兄から戻してもらうよう調停してもらってください。

あなたの遺留分の額は、四億円×½×½＝一億円

一億円－四〇〇〇万円＝六〇〇〇万円の減殺請求となります。

もし、右記六〇〇〇万円があなたに戻される協議の成立が、相続税の申告期限後になりそうなときは、一度、期限内に四〇〇〇万円で期限内申告をしておいて、期限後に協議が成立したら、再度あなたは、一億円で修正申告をしてください。兄は、六〇〇〇万円が減殺されて、すでに申告した相続税額が過大となるので、遺留分の減殺請求に基づいて返還すべきまたは弁償すべき額が確定したことを知った日の翌日から起算して四ヵ月内に、更正の請求をすることができます。

〈遺留分の減殺請求〉

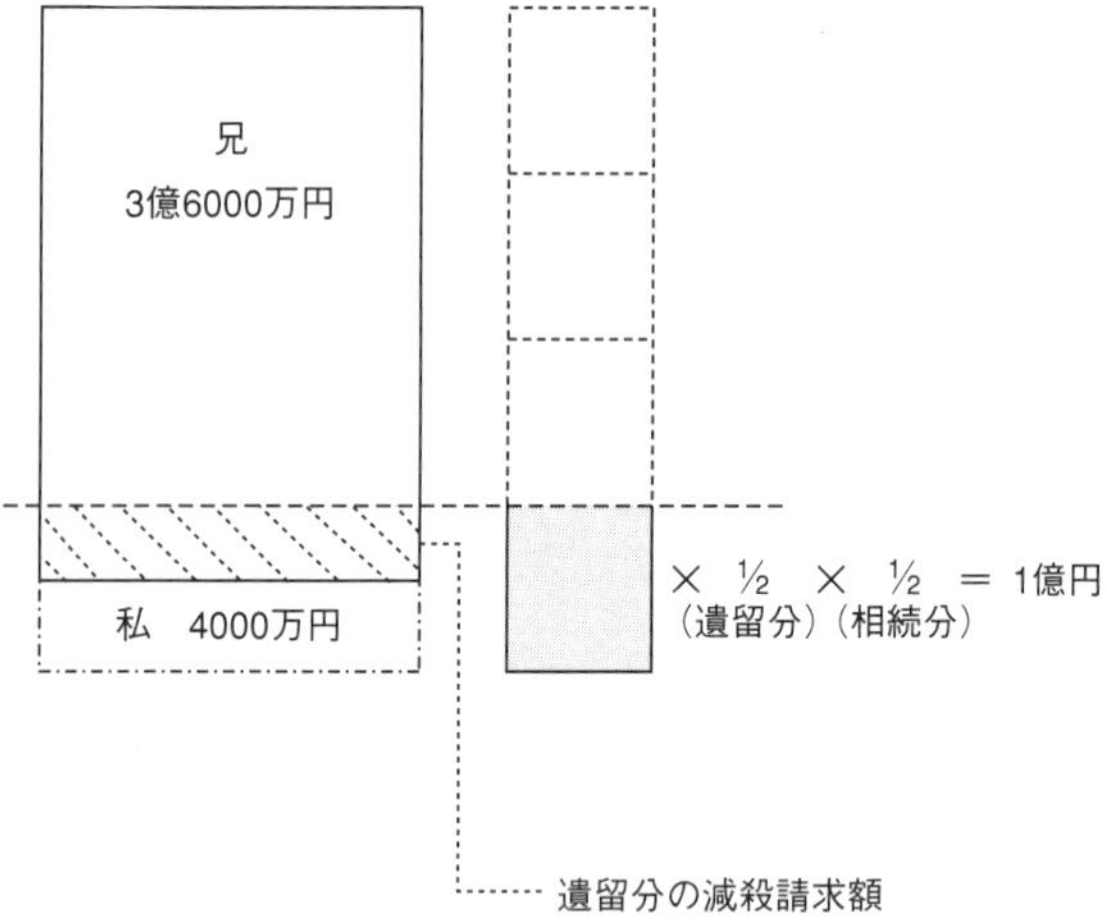

（3億6000万円＋4000万円）× ½ × ½
＝ 1億円 － 4000万円 ＝ 6000万円

Mr.相続のワンポイント・アドバイス

「遺留分減殺請求」という意味は、本来は民法の規定によって相続持分を定めていますが、その定めた割合の二分の一よりも少ないために、自分のもらい分を再度正しくさせるための法律上の行為だと思ってください。

Q 弟の事情により、遺産の分割協議のやり直しはできる？（遺産分割と贈与税）

二年前、母が亡くなりました。相続人は、弟と私の二人です。遺産は、弟が当時、勢いのあった有名なＩＴ関連の株式を相続し、私は、小さな更地を相続しました。今年になっていきなり、弟から、あの有名なＩＴ関連の株式が上場廃止になり、逆に、私の相続した土地の価格が上昇したので、不公平であるから、遺産分割のやり直しをしたいと申し出がありました。遺産分割のやり直しをしたら、なにか税金で問題がありますか。

A 弟に贈与税が課税されます

亡くなられた被相続人の遺産は、相続開始により共同相続人等による共有の状態になると考えられ、遺産の分割は、その共有財産を、各人に具体的に特定財産として帰属させる行為をいいます。民法上は、共同相続人は、被相続人が遺言で禁じた場合を除き、いつでも、協議で、遺産の分割をすることができるとしています。しかし、遺産分割が法定期限（一〇ヵ月以内）に有効に成立し、その後共同相続人に帰属した財産を分割のやり直しとして再分配した場合は、税務上は遺産分割以外（贈与、交換など）で取得したものとして取り扱われます。したがって、当初の遺産分割協議に間違いがあったわけでなく、単に、弟が相続したＩＴ関連の株式が下落したという理由なので、再度、遺産分割のやり直しをした場合は、「贈与等」に該当し、課税されるものと思います。

Mr.相続のワンポイント・アドバイス

相続時に、遺産分割をする場合には、特に、いかなるケースが起きようとも「考えは変わらない」という信念が必要です。でも、本当は、自分の財産は自分で稼いで手に入れたいものですね。

Q 高齢者の再婚相手は相続人になるの？（法定相続人）

最近では「人生百年」となり、二〇〇六年には、一〇〇歳以上の方が二万人を超えたそうです。七〇歳以上のシニアのお見合いや結婚も多くなっています。三年前、私の友人の母が、老人会で仲良くなった男性と七五歳同士で結婚し、籍を入れましたが、その友人の母が亡くなりました。友人の母は、自宅の他、アパートを三棟所有していますが、財産の半分は、再婚相手の男性が相続するのでしょうか。

A 入籍したら、相続人

高齢者の再婚は、夫にも妻にも、亡くなった配偶者の財産の半分を相続する権利がありますので、それぞれの子供達との遺産相続争いが多いのが現実です。できれば、高齢者同士が再婚する場合には、「再婚する前の財産は、それぞれの子供達が引き継ぐ」等という公正証書を作成することをお勧めします。

Mr.相続のワンポイント・アドバイス

財産のある方は、あるなりに、悩みがあるものですね。でも、早くから、お互いに話し合いをしながら、「ともに白髪になるまで！」なかよく生きたいものです。

今さら聞けない基本のきほんの「キ」　相続編

QUESTION!
姻族ってなに？

答え：結婚で親族になった人達

結婚することで、親族となった人達を姻族といいます。血のつながりのある人達は血族といいます。

血族と姻族

姻　族　→　結婚により、親族となった人達
血　族　→　血のつながりのある人達

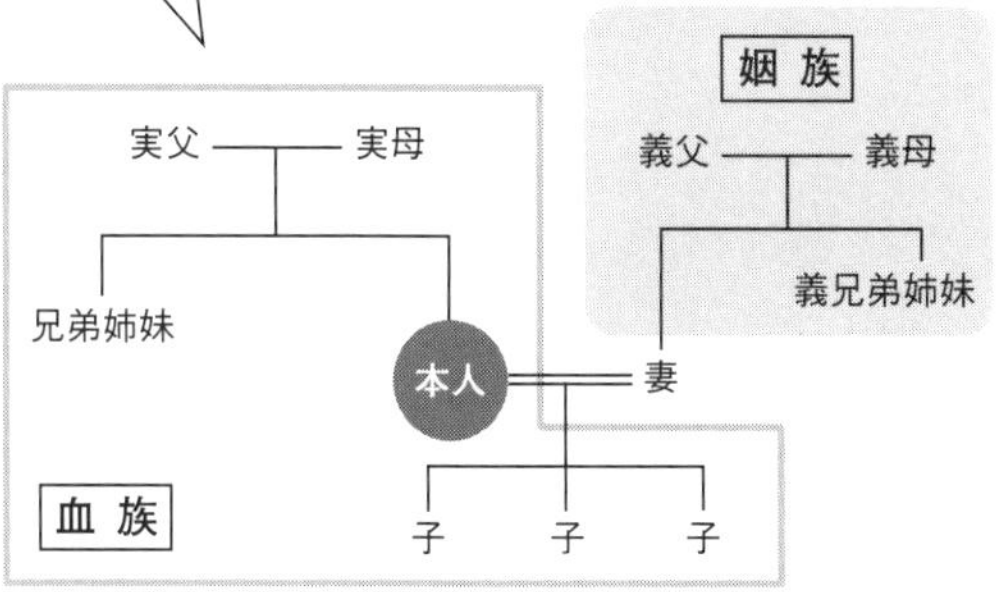
姻 族
義父
義母
義兄弟姉妹
妻
実父
実母
兄弟姉妹
本人
子
子
子
血 族

Q 再婚の継母が父の財産をすべて相続?!

先日、継母の弁護士から父が亡くなり「遺言」で「全財産を妻（継母）に相続させる」とあり、父名義の不動産（時価二〇億円相当額）の名義変更の登記が終了したと、「遺言書」のコピーと名義変更後の土地と建物の「登記簿謄本」が送られてきました。突然のことで、子供である私達二人（長女の私と妹）は動揺し、どうしてよいかわからず途方にくれています。

父は、若くして妻である私達の実母を亡くし、以後、私達二人を育てて立派に独立させてくれました。

そのまじめな父が、ある日、「中高年のお見合いパーティ」を紹介され、私より二歳年上のぽっちゃりした小柄な女性が積極的に結婚を申し込んできて、私達の反対を押し切って結婚してしまいました。

父は、都市近郊の代々の農家の長男で、アパートを数棟所有しているので、継母はお金目当ての結婚だったのかもしれません。

A 遺留分の減殺請求をします

継母に対し、父親が亡くなったことを知った時および遺留分侵害の事実を知った時から一年以内に「遺留分の減殺請求」を家庭裁判所にしてください。あなた方の父親と結婚した相手とあなた方子供二人とが「養子縁組み」していればその継母の相続のとき、あなた方二人も相続人になれるのですが……。

〈高齢者同士の再婚後の遺産相続〉

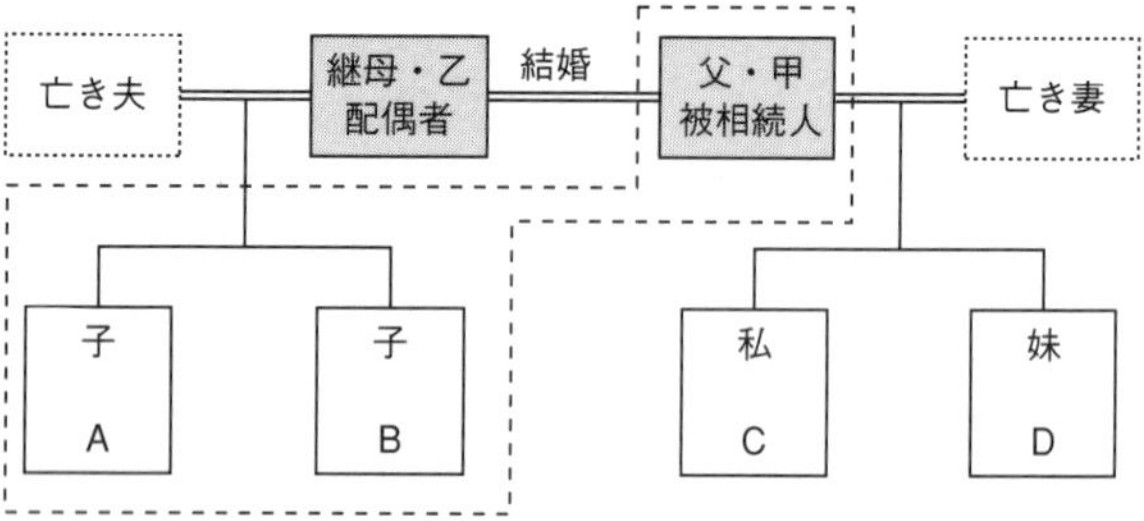
亡き夫
継母・乙
配偶者
結婚
父・甲
被相続人
亡き妻
子
A
子
B
私
C
妹
D

A、Bは父・甲と
養子縁組みをしていない

C、Dは継母・乙と
養子縁組みをしていない

①父・甲が亡くなった場合の相続

相続人	相続分
継母・乙	**½**
C	½ × ½
D	½ × ½

この場合、C・Dは損をする

②もし、継母・乙がその後に亡くなった場合の相続

相続人	相続分
A	½
B	½

この場合、A・Bは得する

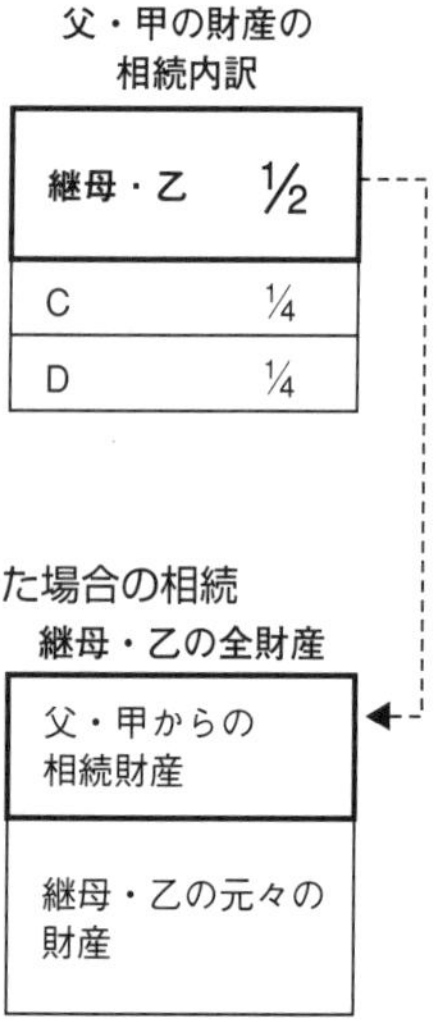
父・甲の財産の
相続内訳
継母・乙 ½
C ¼
D ¼
継母・乙の全財産
父・甲からの
相続財産
継母・乙の元々の
財産

Q ハワイにある自宅の評価を安くできる?（小規模宅地の評価減）

母は、一〇年前から、ハワイに住まいを移しました。その母が先月、亡くなりました。母の財産は、ハワイにある自宅と、ハワイの銀行の預金だけです。相続人は、娘の私ひとりです。私の家族は、二〇年前バブルのときにマンションを買い、その後ローンの負担が重くなったので、一〇年前に思い切って売却し以後、夫の会社の社宅に住んでいます。母のハワイの自宅の相続税を安くすることはできますか?

A 小規模宅地等の減額が使えます

ご質問のように、亡くなったお母さんに、配偶者や同居の親族がいない場合については、被相続人（母）の居住の用に供されていた宅地等を取得した者の中に、次の要件をすべて満たしている同居親族以外の親族がいるときに限り特定居住用宅地等に該当し、小規模宅地等の減額の特例が使えます。

1．相続開始前三年以内に日本国内にある本人またはその配偶者が所有する家屋に居住したことがない（被相続人の居住の用に供されていた家屋を除く）
2．相続開始から申告期限までその宅地等を保有している（居住要件はなし）
3．取得者が制限納税義務者である場合は、日本国籍を有する者であること

おわかりのように、小規模宅地等の特例の適用は、その物件の所在地に何ら規定がありません。ハワイにあっても適用されるものと考えられます。

Mr.相続のワンポイント・アドバイス

小規模宅地等の特例の対象となる居住用宅地等とは、「相続開始直前において、被相続人または被相続人と生計を一にする親族が居住の用に供していた建物の敷地」をいいます。この居住用宅地等の取得者のうち一定の要件を満たす親族が一人でもいれば、その敷地は特定居住用宅地等（減額割合八〇％）となります（措置法六九の四）。

Q 外国人の夫の遺した東京都内の財産の相続税は？（相続財産の所在）

二〇年前アメリカから来日した夫と結婚しました。夫は日本のテレビ・タレントとして活躍しており、ずっと都内のマンションに住んでおりました。その夫は先月、七八歳で永眠しました。アメリカには、夫の姉と妹がおりますが、相続人は私と三人の娘達です。長女と次女は、アメリカに留学中、三女は都内のインターナショナル・スクールに通っています。財産は、都内の自宅と、日本の銀行にある預金、株式とハワイにあるマンションです。相続の申告はどこにするのでしょうか。

A アメリカと日本の両方に申告

相続財産が国内外を問わずどこに所在していようと、相続税または、贈与税の納税義務者が居住無制限納税義務者であるかどうかの判定は、その者が相続もしくは遺贈または贈与により財産を取得した時において、法施行地に住所を有するかどうかによって決まります。

Mr.相続のワンポイント・アドバイス

アメリカ合衆国は、相続財産は国家のものとみなして、国に帰属させたうえで、必要な手続きを経て、いわゆる相続人に配分する形式をとっています。このように国によって、相続に対する考えは異なっています。

〈相続税の申告書の提出先〉

<table>
<tr><th colspan="3">被相続人の死亡時の住所地</th><th>申告書の提出先</th></tr>
<tr><td colspan="3">国内にある</td><td>被相続人の死亡時の
被相続人の住所地の所轄税務署長</td></tr>
<tr><td rowspan="2">国内にない</td><td rowspan="2">相続や遺贈によって財産を取得した者の住所地</td><td>国内にある</td><td>財産を取得した者の住所地の所轄税務署長</td></tr>
<tr><td>国内にない</td><td>財産を取得した者が定めた納税地または
国税庁長官が指定した納税地の所轄税務署長</td></tr>
</table>

〈納税義務の範囲〉

<table>
<tr><td colspan="2" rowspan="3">相続する人
亡くなった人</td><td rowspan="3">国内に住所あり</td><td colspan="3">国内に住所なし</td></tr>
<tr><td colspan="2">日本国籍あり</td><td rowspan="2">日本国籍なし</td></tr>
<tr><td>5年以内に国内に住所あり</td><td>5年を超えて国内に住所なし</td></tr>
<tr><td colspan="2">国内に住所あり</td><td rowspan="3">国内・国外財産<u>ともに</u>課税</td><td colspan="2" rowspan="2">特例措置により国外財産にも課税</td><td rowspan="3">国内財産だけ課税</td></tr>
<tr><td rowspan="2">国内に住所なし</td><td>5年以内に国内に住所あり</td></tr>
<tr><td>5年を超えて国内に住所なし</td><td></td><td></td></tr>
</table>

QUESTION!

一年間で相続税を納めた人はどのくらい？

有名な会社の創業社長が亡くなると、TVや新聞で億単位の相続税が報道されますが、あまりの金額の大きさに、いつもびっくりさせられます。一体どのくらいの人が、相続税を納めているのでしょうか？

答え：四・二％ほど

国税庁から発表される資料によると、平成一七年中に亡くなられた人は、約一〇八万人で、そのうち相続税の対象となった人は、約四万五〇〇〇人、実に四・二%と少ないことがわかります。意外に相続税を支払う人は少ないようですね。たしかに、相続税を納める人は少ないのですが、相続税を納めずにすんでも、むしろ遺産の分割の段階で「争続」となっているのが現状です。

相続を「争続」にしないために、普段から家族の絆を大切にすることが必要ですね。

〈相続税額があった被相続人の割合〉

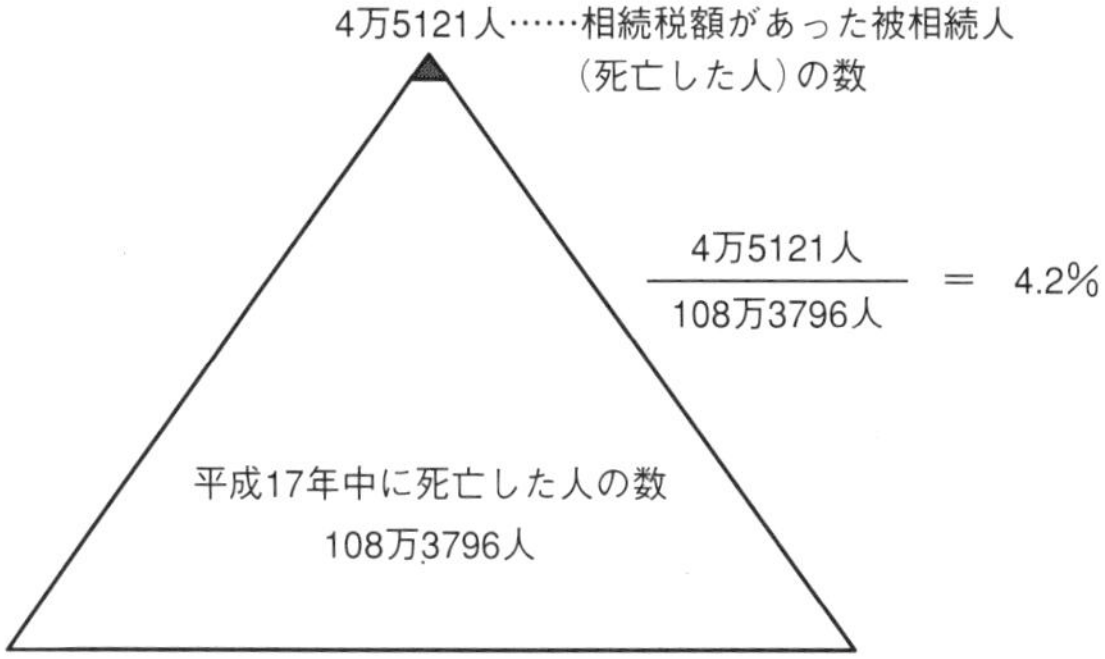
4万5121人……相続税額があった被相続人
(死亡した人)の数
4万5121人
108万3796人
= 4.2%
平成17年中に死亡した人の数
108万3796人

Q 相続税申告の後に、知らない資産が出てきた！

父の相続の申告がやっと終わりました。ほっと一安心かと思っていましたら、父の書斎の引き出しの奥から、古い茶封筒が出てきました。中には、株券が数十枚もあり、一流上場企業ばかりです。誰も父が株を持っていたことは知らず、申告していません。申告期限は過ぎてしまったのですが、どうしたらよいのでしょうか？

A 早めに修正申告をします！

やっと申告も終わりほっとしているところへ、「誰も知らなかった財産が出てきた！」ので、さぞ、びっくりされたことでしょう。このような場合には、なるべく早めに「修正申告」をします。申告をまったくしていなかった場合は、「期限後申告」といいます。申告を一度して、違いがあった場合に税金が増える場合は、「修正申告」といいます。期限内に一度申告した内容と違う場合は、「訂正申告」といいます。また、期限後に税金がもどることになった場合には、「更正の請求」といいます。

Mr.相続のワンポイント・アドバイス

なにしろ、一〇ヵ月以内に、亡くなられた方の全ての財産を明らかにするのですから、配偶者や同居の家族ならわかるのでしょうが、それ以外の親族の場合は、むずかしいですね。

Q 遺産分割協議をして相続税申告をした後に遺言書が出てきた！

昨年、母が亡くなり、暮れに相続税の申告書を提出しました。相続人は、私と弟の二人です。相続税申告書は、遺言書がないものと思い、弟と協議して、遺産分割協議書を作成し、期限内に申告しました。今年の正月に、母の遺品を整理していたら、タンスの奥から、母の遺言書が出てきました。私たちは嘘をついている訳ではありませんが、これは、どのようにしたらよいでしょうか。税務署からの罰金はありますか。

A 法律上、有効な遺言かどうかが一つのポイント！

ご質問の場合、遺言書が、民法に定められた方式により作成されたものかどうかが、一つのポイントとなります。見つかった遺言書が法律的に有効なものであっても、相続人であるあなたと弟さんとが、その遺言書と異なる遺産分割に同意すれば、その、相続税の遺産分割協議書が正しいものとして、何もする必要はありません。ただし、遺産分割後に見つかった遺言書の内容により、その遺産分割に影響することも考えられますので、注意が必要です。

①非嫡出子の認知の遺言であった場合
②相続人の廃除・取り消しであった場合
③特定遺贈の遺言書であった場合
④その他

なお、その遺言書の内容が無効の場合は、すでに申告した遺産分割協議書が有効となります。

Mr.相続のワンポイント・アドバイス

死亡してからの一〇ヵ月間で、相続人同士が、どのように解決したらよいかを分割協議できれば、いいですね。

QUESTION!

相続税を申告した！　税務調査はあるの？

最近、経済団体の役員を務めた方の相続でも、多額の脱税の報道がありました。無記名の公社債などがあったそうですが、相続税の申告をすると税務調査はありますか？　あるとしたら、どのような調査でしょうか？

答え：調査はある

相続税の調査は厳しい調査です。相続税の申告書を提出した翌年の九月から一二月にかけて、集中的に税務調査が行われます。被相続人宅での実地調査は原則二日間ですが、場合によってはそれ以上もあります。通常、調査官は二人でベテランと新人の組み合わせで行います。朝一〇時から始まり、亡くなられた方の趣味や交友関係などの世間話から始まります。調査の目的は先に提出した相続申告書に記載されていない財産はないか、妻名義の預金や、子・孫名義の預金、無記名の国債など隠している財産がないかを調べることです。もっとも、税務署はすでに申告漏れになっている財産を把握してから調査にくることがありますので、調査官への嘘の答弁は許されません。税務調査には、かならず顧問の税理士を立ち会わせ、調査の前には十分な事前準備が必要です。法人税や所得税の調査とはまったく異なる調査です。

生命保険金が受取人指定になっている場合には、他の相続人がそれらを引き継ぐことはできませんし、一度保険金を受け取った相続人がそれを子や孫にあげたりすると、贈与税がかかる恐れがあります。

Q 一五年も義母の介護をしている長男の嫁への遺産分けはないの？（介護の貢献）

私は、長男の嫁で、九〇歳の義母が一五年前から認知症になり、自宅で私が同居し、介護をしています。この一五年間に、私は三度も介護疲れから入院したことがあります。もし、義母が亡くなったときは、義母の介護を長年続けた私への功労賞としての遺産分けはないのでしょうか。夫には、弟が二人いますが、転勤等で、遠くに家族がおり、弟のお嫁さん達は、年に一回くらしか、見舞いに来ません。夫の兄弟三人で均等に相続するのは納得がいきません。相続に嫁は口出しするなというのはわかりますが……。

A まず、相続人と協議してみましょう

民法では、「寄与分」があります。ただし、寄与分とは、相続人の中で被相続人の事業上または財産上や被相続人の療養看護などに特別の寄与をした者とありますが、親子の場合は、扶養義務があるので、特別の寄与と認めにくいことがあります。しかし、義母の一五年間の療養看護で、他の兄弟よりもあなた方ご夫婦が、看護費用などを多く負担していると思いますので、共同相続人の間で、協議して寄与分を決めることができます。また、協議が成立しない場合は、家庭裁判所への請求も考えられますが、ご兄弟のなかでお話し合いなさるのが最善かと思いますので、一五年間の支出明細や、看病疲れからの入院費などを、数字で示してお話ししてはいかがでしょうか。

Mr.相続のワンポイント・アドバイス

寄与分が認められるためには、こまめに日記などの記録をつけておくような、日頃の努力が大切だと思います。必ず、あなたの努力はむだにはなりません。

QUESTION!

「扶養義務」ってなに?

答え:親子は互いに助け合う義務がある

配偶者、直系血族(父母、祖父母、子、孫など)、兄弟姉妹、三親等内の親族で生計を一にする者は、互いに生活などを助け合う義務があることをいいます。

第四章

贈与

QUESTION!

親のお金で買い物三昧。税金がかかるって本当？

私は、フリーターをして人生を謳歌している二〇代、二人姉妹の長女です。私は、商社マンの父の仕事の都合で、海外で一五年間過ごしました。一六歳のとき、日本へ帰国しましたが日本の学校になじめず、不登校となり、高校も中退しました。周りの女友達はブランドものが好きで、私も父のカードで好きなブランドものを五〇〇万円くらい、最近では一〇〇〇万円の赤い外車を私名義で買いました。私に定収入はありませんので、ある時払いの催促なしで父に返す予定です。女友達から「税金がかかる」と言われたけど本当ですか？

答え：贈与とみなされ税金がかかる

親子間や親族間での金銭の貸し借りは、たいへん問題があります。ある時払いの催促なし、出世払いの借入金は、お金の貸し借りでなく、税務署からは「贈与」とみなされます。まして、フリーターで定収入がないとのことですから、高額な車やブランドものを購入したり、カードローンを支払うことは不可能だと思われますので、父からの贈与とみなされます。金銭消費貸借契約書もなく、返済計画書もないのでは、見せかけの借入金となるでしょう。

また、このように贈与税が課税された場合に、課税された子に収入がないため、その贈与税を親が支払った場合は、その贈与税額にもさらに贈与税がかかることになります。

Q 孫への教育資金に贈与税がかかるの？

先月、長男一家が海外勤務から帰国しました。孫は一人、年齢は八歳です。孫はとてもかわいいですね。私達夫婦は会社を経営しているのですが、いずれはこの孫を経営者にしたいと思っています。今後の教育のため、孫にまとまった資金をあげたいのですが、贈与税がかかるのでしょうか？　かかるとしたら孫はまだ小さいので、私達夫婦が支払ってあげればいいのでしょうか？

A 年間一一〇万円までなら非課税

ご質問のケースでは、贈与税は贈与を受けたお孫さんが支払うことになります。しかし、年間一一〇万円までなら基礎控除され、贈与税はかかりません。それ以上の金額を贈与したり、その贈与税を祖父母がかわりに支払ってあげるとそれに対しても課税されてしまいます。その他、贈与に関して、控除されるものを左記に五つ挙げてみました。参考にしてください。

〈重要な贈与税控除〉

1. 基礎控除　一一〇万円
2. 婚姻期間二〇年以上の配偶者の居住用財産の贈与の特例　二〇〇〇万円
3. なんでも贈与（一般の相続時精算課税）　二五〇〇万円（受贈者二〇歳以上、贈与者六五歳以上）
4. 住宅取得等資金の贈与（相続時精算課税）　三五〇〇万円（受贈者二〇歳以上、贈与者年齢問わない）（平成二二年一二月三一日まで延長）
5. 特定同族株式等の贈与（相続時精算課税）　三〇〇〇万円（受贈者二〇歳以上、贈与者六〇歳以上六五歳未満）（平成二〇年一二月三一日まで延長）

Q 送金手数料の負担が大きいので留学中の孫に、生活費を一括して送金したい！

孫がアメリカの大学に留学しております。送金手数料の負担が大きいので、生活費と教育費の一年分（一〇〇〇万円）をまとめて送金したいと思っています。このように、まとめて送金した場合には、贈与税の問題がありますか。

A 贈与税が課税されます

贈与税で非課税となる「生活費」と「教育費」の要件は、おおむね次のように規定されています。

生活費または教育費として必要な都度、直接これらの用に充てるために、贈与によって取得した財産をいいます。
　したがって、生活費及び教育費の名目で取得した財産を、預貯金した場合、または株式の購入などに充当した場合は、通常必要と認められる以外のものとして取り扱うとされています。ご質問のように、一括して送金することは、必要な都度に該当しないように思われますので、非課税にならないと思われます。

Mr. 贈与のワンポイント・アドバイス

課税されないために使途および証拠資料など、きちんと現金預金の出入りを記入してください。

Q 自宅を安く買った差額も、贈与税の結婚二〇年目の配偶者控除が使える?

私達夫婦は、今年で結婚して二〇年目になるので、記念にと、夫と話し合い、夫所有のマンション(相続税評価額四〇〇〇万円、時価六〇〇〇万円)を、私が買いたいと考えております。私は専業主婦ですが、五年前実母からの相続で現金を三五〇〇万円受け取り、そのまま銀行に預けています。時価六〇〇〇万円のマンションに、その三五〇〇万円を支払い、残りの二五〇〇万円のうち二〇〇〇万円は贈与税の配偶者控除を使い、残りの五〇〇万円から一一〇万円の基礎控除を引いて贈与税額を計算したいと考えていますがいかがでしょうか?

A 配偶者控除が使えます

1. 【贈与税】について　贈与税の配偶者控除が適用される財産は、居住用不動産または居住用不動産を取得するための金銭の贈与に限られます。ご質問の場合には、居住用不動産を「売買」により取得し、低額譲り受けによる経済的利益相当額は「贈与」とみなされると考えられます。形式的には贈与が金銭でないことから適用がないとも考えられますが、実質的には、低額譲り受けによる経済的利益は、居住用不動産の一部と考えられるので、贈与税の配偶者控除の適用があると考えられます。
六〇〇〇万円（時価）－三五〇〇万円（現金支払額）＝二五〇〇万円
このうち二〇〇〇万円は贈与税の配偶者控除の適用を受け、その残額から贈与税の基礎控除一一〇万円を差し引いた三九〇万円×二〇％－二五万円の五三万円が、贈与税額となります。

2. 【譲渡所得税】について　この場合、夫から妻への不動産の譲渡となりますので、配偶者に対する譲渡は、居住用財産の譲渡所得の特別控除三〇〇〇万円の特例は適用されません（離婚による売却は夫婦間の売却にならないので、上記の居住用の三〇〇〇万円の特例はＯＫです）。

〈贈与税の配偶者控除の例〉

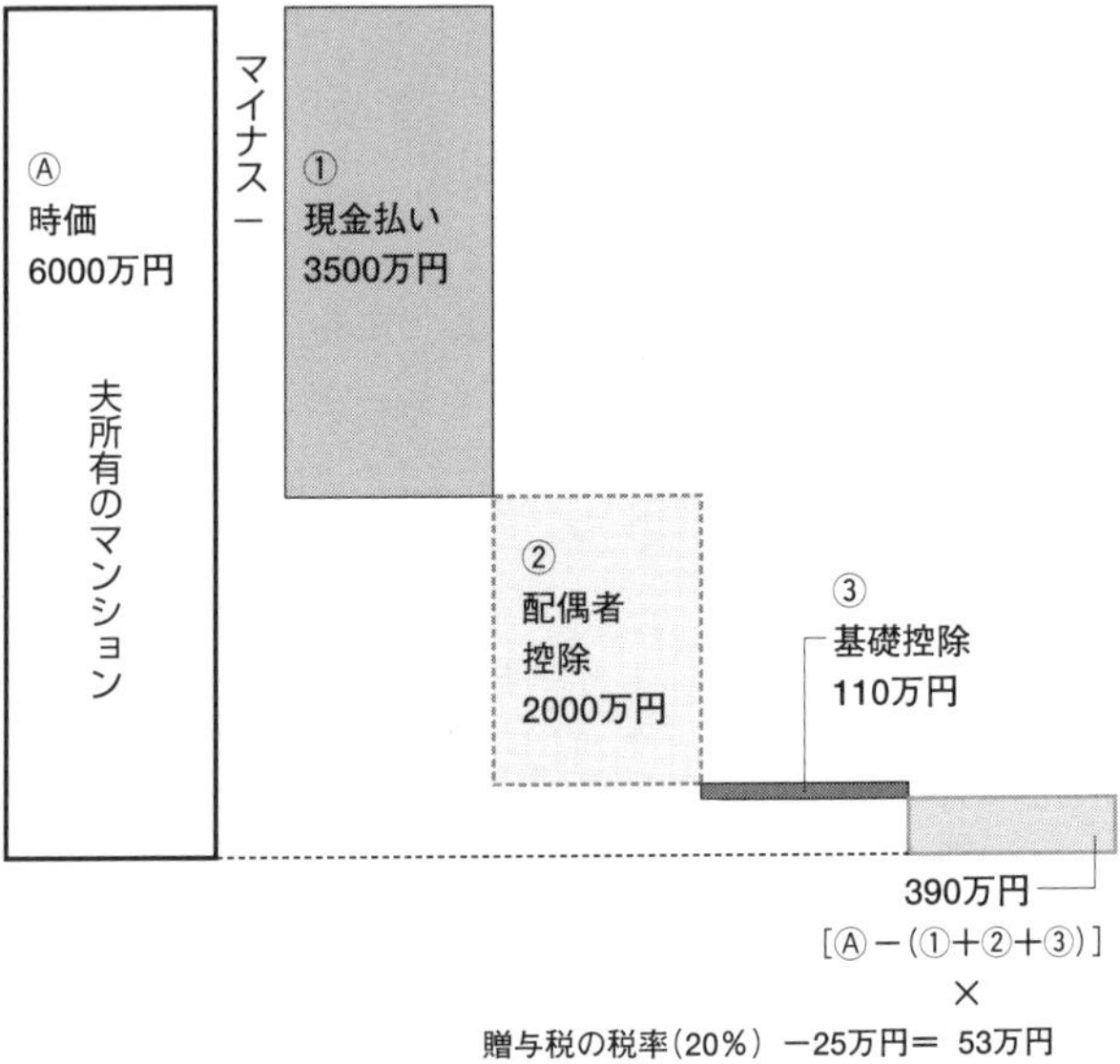
Ⓐ
時価
6000万円
夫所有のマンション
マイナス ー
①
現金払い
3500万円
②
配偶者
控除
2000万円
③
基礎控除
110万円
390万円
[Ⓐ－(①＋②＋③)]
×
贈与税の税率(20%) －25万円＝ 53万円

Mr. 贈与のワンポイント・アドバイス

いろいろな控除を目的とした売るための贈与はだめです！

夫婦間の居住用財産の売買は、3000万円の譲渡所得の特別控除は受けられません。

Q 二回目の婚姻二〇年目。配偶者控除は二度使えるの？（贈与税の配偶者控除）

私は、幸せな女です。学生時代に大恋愛の末に、長身の学生運動のリーダーと結婚しました。夫は、長女を授かってからは、サラリーマン生活を続け、結婚二〇年目のときに、贈与税の配偶者控除を活用して自宅を私の名義に変更してくれました。その後、夫は病気で亡くなりました。それからご縁があって、現在の年下の夫から結婚を申し込まれ、再婚して二〇年が経ちました。今年になって、夫が贈与税の配偶者控除を使って贈与をしてもよいと言っておりますが、二回も受けられるのでしょうか。

A 配偶者控除を受けられます

なかなか珍しいケースだと思います。贈与税の配偶者控除は同一の配偶者から一生に一度だけですので、異なる他の配偶者からであれば、同一でないので適用されます。人生一〇〇年になってこその話だと思います。贈与税の配偶者控除の主な要件は、次のとおりです。

①婚姻期間が二〇年以上の配偶者間の贈与であること
②贈与財産は、国内の居住用不動産か、国内の居住用不動産の取得のための金銭であること
③前年以前において、その配偶者からの贈与について、この配偶者控除の適用を受けていないこと
④贈与を受けた年の翌年三月一五日までに、その贈与を受けた国内の居住用不動産に居住し、または、その日までに贈与を受けた金銭で国内の居住用不動産を取得すること
⑤その後も引き続き、居住する見込みであること
⑥その他、一定の書類等を添付した贈与税申告書を提出すること

などの注意が必要です。詳しくは税務署または税理士にご相談ください。

〈2回目の婚姻20年目の贈与税の配偶者控除〉

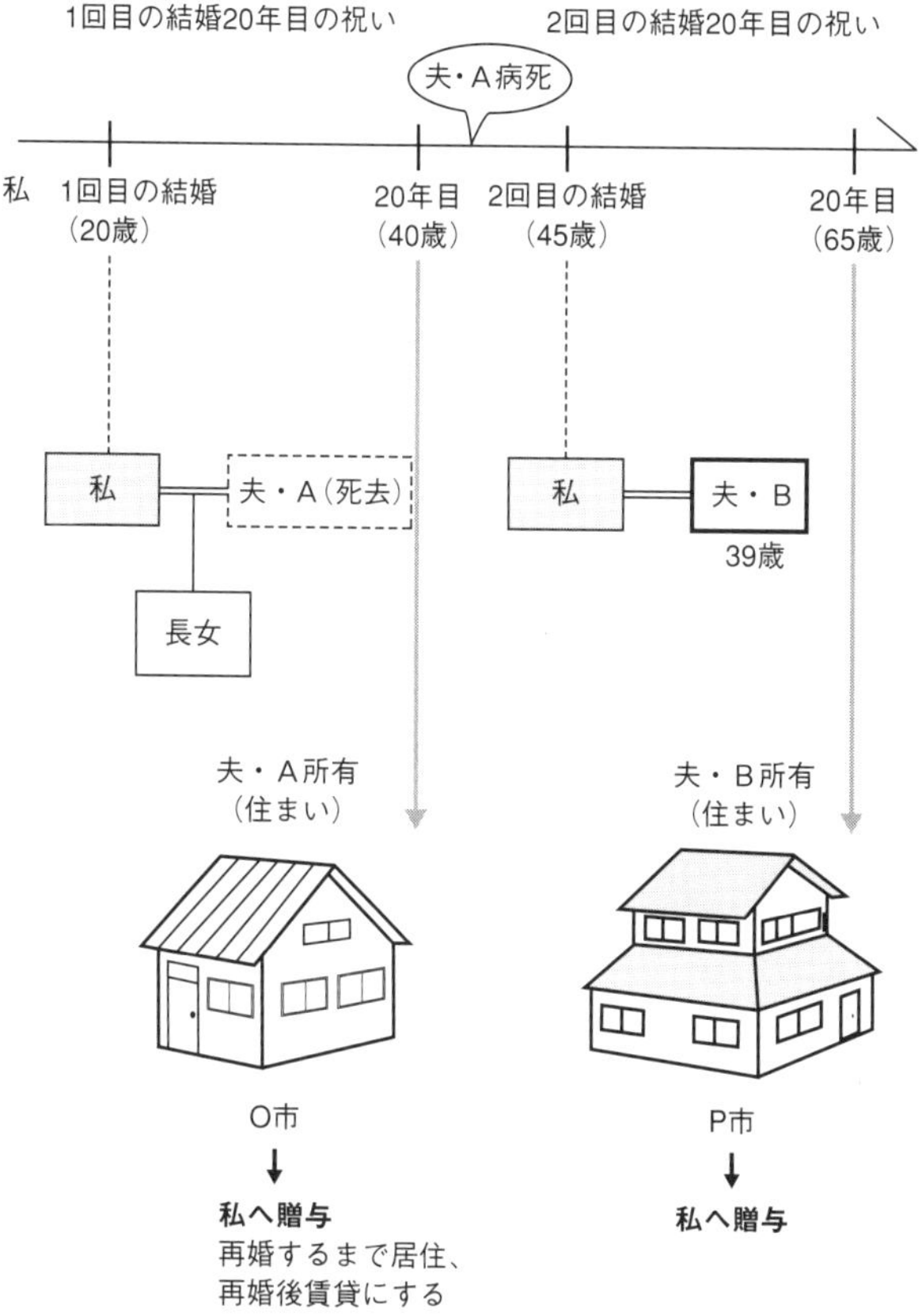
1回目の結婚20年目の祝い
2回目の結婚20年目の祝い
夫・A病死
私
1回目の結婚
（20歳）
20年目
（40歳）
2回目の結婚
（45歳）
20年目
（65歳）
私
夫・A（死去）
長女
私
夫・B
39歳
夫・A所有
（住まい）
夫・B所有
（住まい）
O市
私へ贈与
再婚するまで居住、
再婚後賃貸にする
P市
私へ贈与

Q 夫名義のマンションをもらって離婚したら贈与税を支払うの？（財産分与）

私達夫婦は、結婚して一五年目です。子供が一人おります。夫婦仲が悪く長らく悩みましたが、このたび、話し合いがつき、財産分与として夫名義のマンションをもらって離婚することにしました。私は贈与税を支払うのでしょうか？

A 支払う必要はありません

1．【贈与税】について　離婚に伴う財産の分与、慰謝料の支払いは、原則として社会通念上相当と認められる場合には、贈与税は課税されません。これは、「財産分与」というのは、夫婦が婚姻期間中に協力して築いた財産の精算や離婚後の配偶者の生活保障や慰謝料の性質を有しているからです。しかし、夫婦の社会的地位やその他の事情を考慮して過大である場合はその過大な部分、また贈与税の負担を免れるための離婚と判断されると贈与とみなされることがあります。

2.【譲渡所得税】について　離婚に伴う財産分与が居住用の家屋や土地などの場合は、財産の分与者に譲渡所得税が課税されることがあります。ただし、現に住んでいる居住用不動産の場合は、一定の要件に該当すれば、三〇〇〇万円の特別控除や軽減税率の適用を受けることができますので、詳しくは税務署または税理士にご相談ください。

Mr.贈与のワンポイント・アドバイス

離婚に伴う財産分与で、思ったよりも譲渡所得税が高いことがわかり、離婚をとりやめるケースもあるようです。離婚するのに、財産分与後の税金を計算するなんて、おかしいですね。

Q 親の援助で億ションをゲットしたい！（相続時精算課税）

私達は、二〇代後半の夫婦です。夫の親も、私の親も、ともに会社を経営して、小金持ちです。夫も私も末っ子なので、甘えん坊で、ちょっとワガママです。先日、それぞれの親に「マイホームが欲しい！」と話したら、港区の湾岸の高層マンションで、一億円以上のマンションを買ってもよいと返事をもらいました。贈与税がかからない方法があれば教えてください。

A 相続時精算課税を使います

お二人がともに贈与を受ける年の一月一日において二〇歳以上ですので、相続時精算課税を利用すれば、最高一億四〇〇〇万円まで贈与税が課税されません。一定の要件がありますが、通常の相続時精算課税は、親から子（推定相続人を含む）に対し、二五〇〇万円までは贈与税が課されません。さらに、住宅資金の場合は、一〇〇〇万円が加算され、父親および母親の各々から三五〇〇万円×二人＝七〇〇〇万円まで課税されません（正確には「課税の繰り延べ」です）。したがって、あなたとご主人で左記のようになります。

夫　①父から　三五〇〇万円
　　②母から　三五〇〇万円　夫計　七〇〇〇万円
妻　①父から　三五〇〇万円
　　②母から　三五〇〇万円　妻計　七〇〇〇万円
　　　　　　　　　　　　　合計　一億四〇〇〇万円

このように、課税の繰り延べができます。これは、両方の父母の相続財産を、前もって贈与を受けたものと解します。

この制度は、「一度選択したら撤回ができない」「期限内に所轄税務署長に一定の書類とともに贈与税の申告書を提出する」「旧制度の住宅取得資金等の贈与の特例（五分五乗方式）の適用を受けている場合には、その適用を受けた年以後五年間は、その贈与者からの贈与について相続時精算課税制度は選択できない」など厳しい条件があり注意が必要です。詳しくは税務署または税理士にご相談ください。

Mr. 贈与のワンポイント・アドバイス

相続時精算課税制度は、贈与される種類によって、選択してよい場合とそうでない場合とがあります。よく考えたうえで利用してください。

〈親の援助で億ションを相続時精算課税を使って購入！〉

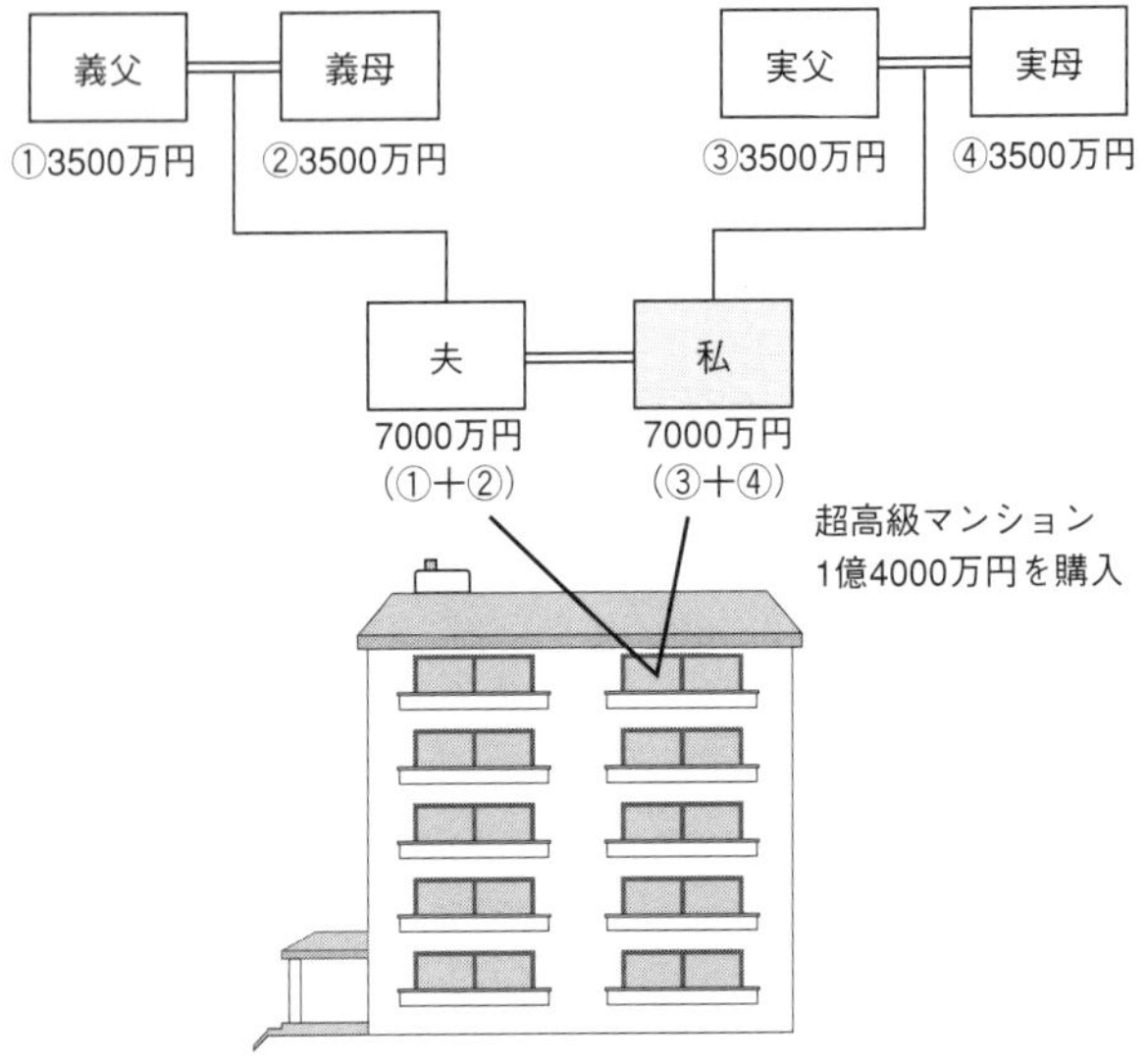
義父
義母
実父
実母
①3500万円
②3500万円
③3500万円
④3500万円
夫
私
7000万円
（①＋②）
7000万円
（③＋④）
超高級マンション
1億4000万円を購入

Q 県の分譲住宅を法令等でやむをえず子供名義で購入。贈与税はどうなる？

県の独立法人の分譲住宅公社から、県在住の住民に、分譲住宅の募集があり、夫と別のアパートに住んでいる長男の二人が応募しました。応募者が多く、抽選となり、長男だけが当選しましたが、長男は独身で、結婚の予定もないことから、夫が頭金を出し、長男名義で、住宅ローンの申し込みをしました。住宅ローンも実質的に夫が支払っています。また、その住宅には、私達夫婦が住み、固定資産税も支払っています。なお、住宅公社との契約で、入居から一〇年間は名義変更ができないことになっています。この場合、贈与税はどうなりますか？

〈県の分譲住宅を子供名義で購入〉

〈夫と私の住まい〉

子供が当選して子供名義の分譲住宅

夫が頭金、ローンや固定資産税を支払っている

〈子供の住まい〉

アパート

A 夫のマイホームとされて、贈与税はなし

【贈与税】について　他人名義により財産の取得が行われた場合は、原則として、その名義人に贈与税が課税されることになります。しかし、左記の場合などは、その贈与がなかったものとして取り扱われることとなっています。

①長男名義による不動産等の取得等が、法令に基づく制限など、真にやむをえない理由に基づいて行われたこと

②その名義の貸借が夫と長男とのお互いの合意の上でなされたものであること

③夫がその頭金やローンおよび固定資産税などを支払っていること

④夫がその住宅に現に居住していること

⑤夫が他に居住する家屋を所有していないことなど

右記の事実が確認できる場合は、ご質問の夫が購入されたマイホームは、夫の所有とみなされ、贈与税は課税されないと思います。

Mr.贈与のワンポイント・アドバイス

マイホームの名義が、夫婦共有名義で、しかも共働きの場合、夫婦ともに連帯債務者になると、ローンの住宅取得控除が二人とも受けられます。

Q 自分のブティックを一人娘に名義変更したい！（事業主の名義変更）

私は、四〇年間、銀座でブティックを経営してきましたが、孫も三人となりましたので、一人娘にブティックを任せようと思っています。長女に名義を変更すると問題はありますか。税金がかかりますか。なお、店舗は賃貸で、最近、内装工事をしたばかりで、その借入金が残っています。また、その他商品や備品もあります。

A 課税されます

1.【贈与税】について　お店の事業に関わる資産である店舗敷金・内部造作・商品・備品などの帳簿上の残高から、借入金や未払い金等の負債残高を差し引いた純資産価額が多い場合は、差し引いた残りの金額が、長女への贈与税の課税対象となります。

2.【所得税】について 内部造作や備品の価額は贈与した年分のあなたの事業所得の計算上、総収入金額に算入され、商品は、売上高に計上します。

3.【消費税】について あなたが消費税の課税事業者である場合は、内部造作・備品の価額や商品の売上高は、課税売上高に含める必要があると思います。

Mr.贈与のワンポイント・アドバイス

商品をあげると、消費税の課税売上に計上されます。

〈事業主の名義変更〉

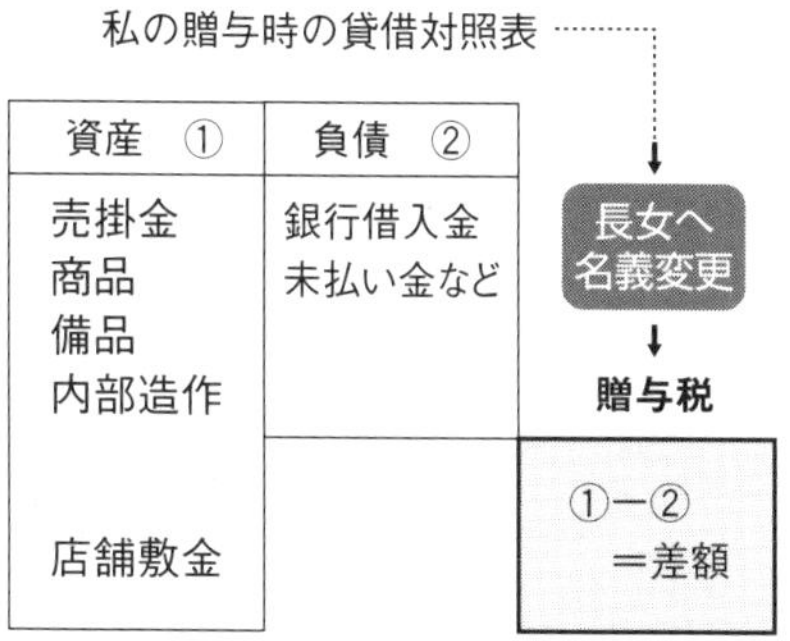
私の贈与時の貸借対照表
資産 ①
負債 ②
売掛金
商品
備品
内部造作
店舗敷金
銀行借入金
未払い金など
長女へ
名義変更
贈与税
①－②
＝差額

Q 親の援助で、私の借金をきれいに清算したい！（相続時精算課税）

私は、一八歳の時から、銀座の一流クラブで働いていました。二三歳の時、若さの勢いでクラブを開店しましたが、バブル後の不況で各企業の交際費が削られ、売り上げが思うように上がらず店を閉めたのですが、お店の借金が五〇〇〇万円残ってしまいました。父と母は、その借金を払ってもよいと言ってくれますが、贈与税が高いのではないでしょうか。父も母も六七歳で共働きです。なお、私は二人姉妹の長女です。

A 相続時精算課税を利用すれば贈与税はかかりません

子の年齢が贈与を受けた年の一月一日において二〇歳以上で、親の年齢が贈与をした年の一月一日において六五歳以上なので、相続時精算課税を利用することにより、贈与税が課税されない方法があります。これは、将来の相続財産の前渡しで、一定の要件により、父と母の両方から相続時精算課税を選択すれば、以下の金額まで、贈与税の課税が繰り延べされます。

父から　二五〇〇万円
母から　二五〇〇万円
合計　五〇〇〇万円

これは、用途・回数を問いませんが、父と母の推定相続人である妹には公開しなくてはなりません。父と母の将来の相続財産のうち、先に長女の分をもらうことになるので、実際に相続が開始されたら、その各二五〇〇万円は、先に相続したと考えます。

Mr.贈与のワンポイント・アドバイス

一度、この制度を適用すると、それ以降はすべてこの制度の適用者となりますので、一一〇万円の贈与税の非課税を採用できなくなります。よく先を考えて、利用したいですね。遺留分減殺請求事件にならないように話し合って、将来の相続発生に予《あらかじ》め準備する必要があります。

〈相続時精算課税のイメージ〉

〈現在〉

父から2500万円、母から2500万円、合計5000万円の贈与を受けて、負債の5000万円を返済

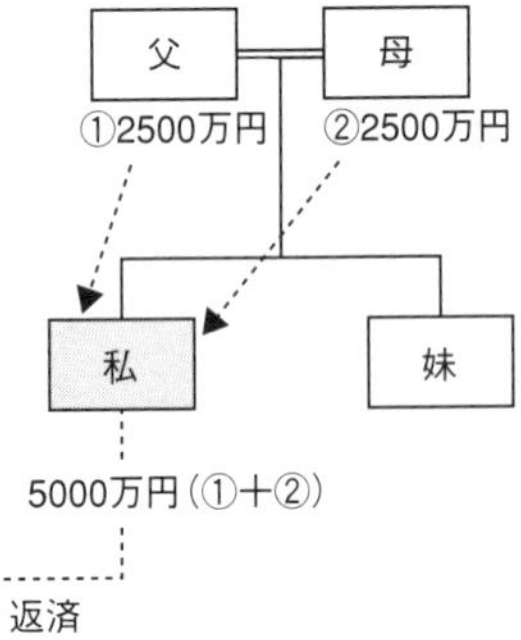
父
母
①2500万円
②2500万円
私
妹
5000万円（①＋②）
返済

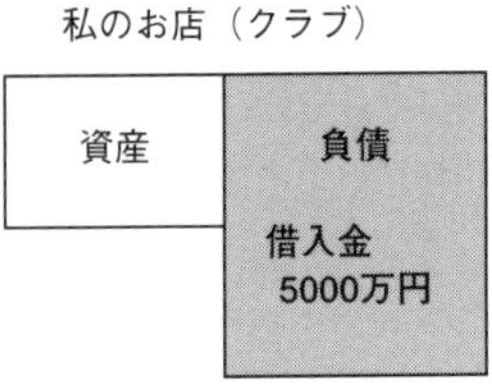
私のお店（クラブ）
資産
負債
借入金
5000万円

〈将来〉

将来の相続財産のうち
各2500万円（合計5000万円）
は先に相続したと考える

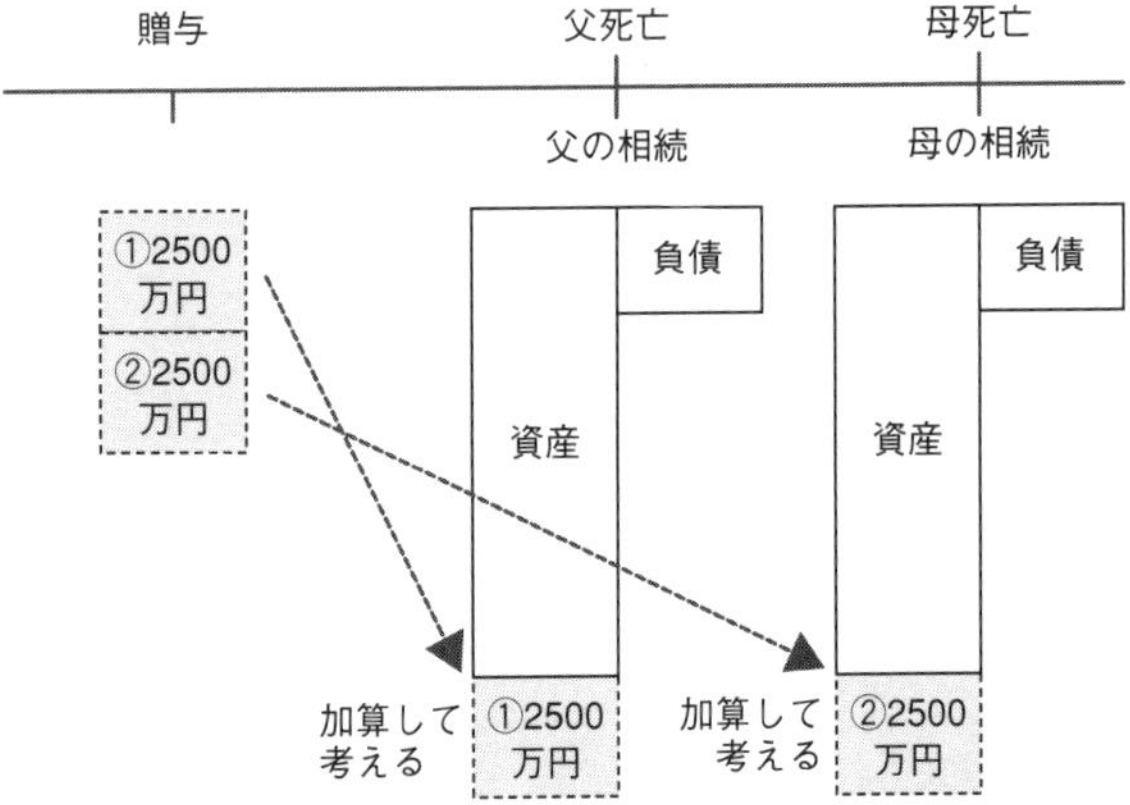
贈与
父死亡
母死亡
父の相続
母の相続
①2500
万円
②2500
万円
負債
資産
負債
資産
加算して
考える
①2500
万円
加算して
考える
②2500
万円

Q 共働き夫婦でマンションを購入するとき共有登記はどのようにすればよい？

私達夫婦は共働きです。このたび、はじめてマイホームを購入することになりました。登記の割合によっては支払う税金が変わってくるという話を聞きましたが、私達の場合には、登記の割合をどのようにしたらよいか教えてください。頭金と借入金は夫と私とで出し合うことになっています。

A 夫・妻の収入に応じて登記します

1.【贈与税】について　共働きの夫婦が、共同してマイホームを購入したときは、借入金の返済が夫婦の収入によって共同でされている場合は、夫婦それぞれの所得の割合に応じて借入金額を負担しているものとして取り扱われます。ただし、その借入金の返済を借入者以外の者が負担しているときは、その負担部分は借入者に対する贈与となります。

2. 【所得税】について　居住者である個人が、銀行等から償還期間一〇年以上の借入をして一定の住宅を取得し、自己の居住用に供した場合で、年末に借入金の残高があるときは、「住宅借入金等特別控除」の適用を受け、個人所得税の負担を少なくすることができます。

Mr.贈与のワンポイント・アドバイス

夫婦共働きの場合、どちらかが連帯保証人になるよりも連帯債務者のほうが、それぞれ「住宅借入金等特別控除」の適用が受けられお得です。

第五章
遺言

QUESTION!
遺言とエンディング・ノート。同じものなの？

先日、「エンディング・ノート」というものを書店で見かけましたが、遺言と「エンディング・ノート」は同じものですか？　エンディング・ノートに書いておけば、遺言として認められますか？

答え：同じではない

最近は「遺言」ブームで、「エンディング・ノート」のように自分史を記入できるノートもあります。遺言書として認められるには、遺言書として題が書かれ、必要な年月日、自署、押印などが必要です。内容は通常の作文と同じように考えればよいかと思いますが、黒のボールペンなどで書き換えなどができないようにすることが大切ですね。自分の考え方と、遺言を執行する人の記載があると、なおよいですね。

遺言とエンディング・ノートは同じものではありません。大切な遺言は、きちんと「遺言書」で！　また、遺言書を書いても法律で定めた事項（法定遺言事項）を満たさなかったために、その遺言書が無効となるケースが多々あります。遺言書をつくるなら、できるだけ公証人（公証役場）、弁護士、行政書士などの専門家に相談したほうがいいでしょう。

Q 「遺言」でできることって？（法定遺言事項）

遺言で、どのようなことができるのでしょうか。「遺言書」で、一般に、どのようなことを書くのでしょうか？

A つくるなら、法律上「有効」な「遺言書」を！

遺言は、法律で定められた事項（法定遺言事項）を、法律で定められている方式に従って記載することにより、法律的な効力が生じます。それと似たもので、法定外事項として希望など（付言事項）があります。

1. 法定遺言事項

①相続に関すること……相続人の廃除など

②遺産の処分に関すること……遺産の処分など
③身分に関すること……認知など
④遺言の執行に関すること……遺言執行者の指定など

2. 法定外事項（付言事項）

遺言者の希望や訓戒などで、法律的な効力はありませんが、遺言者の意思を記載します……葬式などの方法、家族の幸福の祈念など

Mr.遺言のワンポイント・アドバイス

遺言書の内容としては、法律上の事項のみを記載するほか、自筆証書の遺言書では、法律的なことよりも、遺言者の希望が表現されたものが多く見られます。

Q 遺言書をビデオでつくってもいい？

私は、最近歳のせいか、字を書くのに握力がなくなってきました。毎日、テレビを見ていて、面白い番組などを、ビデオに録って、後で再生して見ています。遺言も、ビデオでできますでしょうか？

A ビデオや録音ではできません

残念ですが、現在の民法では、ビデオや録音での遺言書は認められておりません。最近の電子機器の進化は、目を見張るものがあります。ビデオは映像で、録音は音声で意思伝達や意思表現ができますが、その技術の発展により、その改ざんやコピー・削除などがいとも簡単にできます。本来、遺言書は、唯一、一通のみが採用されるもので、コピーにより同じものが複数あったり、また、改ざんされた場合、その改ざんの形跡が判明しにくいなど、多くの問題点があるからです。将来は、ハンディキャップがある方々のために、採用されることも予想されますが、いまのところ、ビデオや録音は正式の遺言書と認められていません。ご質問のように、握力が弱くなって、自署ができないのであれば、公正証書遺言をお勧めいたします。

Mr. 遺言のワンポイント・アドバイス

原則として、簡単に、ダビングや、加筆、訂正ができるものは、法的な行為を証明する手段とならない、と解されています。

Q かわいい孫に財産を残したい！（自筆証書遺言）

私は、夫からかなりの遺産を受け継ぎました。子供は娘が一人います。その娘に、かわいい孫が一人います。私が死んだらそのかわいい孫に、財産を相続させたいのですが、どのようにしたらよいでしょうか？

A 遺言書でかわいい孫に財産を残せます

あなたが亡くなったら、相続人は第一順位の娘さんお一人と考えられます。この場合、あなたの相続財産は、第一順位の娘さんが、財産をすべて相続することになります。しかし、生前にあなたが、遺言として、お孫さんに相続財産のうち、特定の財産もしくは特定の割合を遺贈する旨、遺言書に記載しておけば、お孫さんにあなたの財産の一部が遺贈されます。もし、その遺言書を自筆証書遺言で作成するとすれば、次のような注意が必要です。

1．全文が自筆
2．日付も自筆で正確に記す（○年○月○日）
3．住所
4．署名捺印
5．遺言執行者の指定
6．ボールペンなど消えないもので書くことなど

ただし、記載の不備でその遺言書が無効になる場合がありますので、安全を期する場合は、公正証書遺言をおすすめします。

Mr.遺言のワンポイント・アドバイス

「遺言書」は封印されていなくてもよいのですが、後日の争いをさけるために、「封印」することを、おすすめします。

Q 妻の私だけが夫の財産を全部もらえる?(公正証書遺言)

都心に住む私達夫婦は、共働きで子供がありません。いまは、二人とも六〇代後半で年金暮らしですが、もし、夫が先に亡くなった場合、夫の兄弟も相続人になるのでしょうか。夫の両親はすでに亡く、兄弟は、地方に住んでいて、二、三年に一度くらいしか会いません。私達夫婦二人で築いてきた財産は、妻である私が全部もらうべきだと思います。何かよい方法はないでしょうか。

A 「全財産を妻に相続させる」遺言でOK!

現在の民法では、子・父母がない場合は、第三順位の兄弟姉妹が四分の一を相続することになります。ご質問の場合、夫に子および父母がない場合、妻と夫の兄弟姉妹が相続人となります。しかし、夫に「全財産を遺言者の妻○○（×年×月×日生まれ）に相続させる」とした遺言書を書いてもらえば、全財産があなたのものになります。兄弟姉妹には、遺留分の減殺請求ができません。夫婦お二人で築いた財産を、その財産形成に貢献しなかった夫の兄弟姉妹に相続させるのもおかしなものです。遺言は、自筆証書・秘密証書でもよろしいと思いますが、公証役場で公正証書遺言にすると、正確で間違いがなく、他の遺言書より確実です。また公に知られますから、安心できます。なお、「公正証書遺言」は立会人二人が必要です。費用も少額ですみます。

Mr.遺言のワンポイント・アドバイス

このようなケースはよくあると思います。配偶者として、当然考えておく必要があります。

Q 婚姻届を出していない内縁関係の妻でも財産がもらえる？（遺贈による遺言）

私と彼は、かれこれ二〇年以上、同居し、共同で喫茶店を営んでいます。彼は一度離婚歴があり、離婚後、私と同居するようになりました。元妻の女性は私の友人の一人で、その女性との間に子供が一人います。彼の実家は、地方で代々続いた医者一家で五年前、彼の父が亡くなり、彼は相続で財産をもらっています。万一、彼が亡くなったとき、内縁関係の私でも、財産がもらえるようにしたいのですが、どうしたらよいでしょうか。

A 遺言書があれば、財産をもらえます

民法では、法律上の婚姻関係にある配偶者たる妻に相続権を与え、婚姻関係にない、いわゆる内縁の妻には相続権を与えていません。この場合、もし同居人の方が亡くなったら、その同居人の相続人は、元妻との間の子一人になります。したがって、このままでは、あなたには、相続財産はないことになります。しかし、その同居人に、あなたにも財産の全部または一部を遺贈する旨の遺言書を作成してもらえば、財産をもらうことができます。たとえば、「遺言者の内縁の妻B子（生年月日・住所）に財産のうちA株を……」など、特定の財産を示すか、割合を示すかにより、財産を遺贈によりもらうことができます。自筆証書遺言より公正証書遺言のほうが、公になりますが、間違いがなく安全です。ただし、相続人以外の者が相続財産を引き継ぎますので、二〇%の税額加算がされます。なお、元妻との間の子は相続人ですから、遺留分に配慮する必要があります。

Mr. 遺言のワンポイント・アドバイス

内縁の妻を守るべきか否か、を人間関係から考えると、なかなかむずかしい問題ですね。

Q 遺言を取り消したり、変更することはできる？

一年前、遺言書を書きました。はじめてでしたので、いま、振り返りますと、それを、すこし手直ししたいのですが、取り消しや変更することは可能でしょうか。

A 何回でも書き直しOK！

最近は、遺言ブームにより、遺言も身近な出来事となっています。毎年、正月に遺言書を新しく書き直す人もいると聞きます。

民法一〇二二条において、「遺言者は、何時でも、遺言の方式に従って、その遺言の全部または一部を取り消すことができる」としています。したがって、新しく書いた遺言書は、前に書いた遺言書を「取り消し」または「変更」したとすることができます。

この場合、全部の取り消しか一部の変更かなどいろいろです。なお、複数の自筆遺言書ができてきたら、最新の日付の遺言書が有効となります。「自筆証書遺言」の場合、法律に定められた方式に従った法的な効力があるか注意が必要です。

Mr.遺言のワンポイント・アドバイス

最初の遺言書に記載されていても次の遺言書に記載されていなかった場合、「取り消し」または「変更」があったと解しているようです。

Q

遺言書でもめた場合、家庭裁判所はなにをしてくれる?

亡くなった夫の遺言書が開封され、その遺言書でもめています。夫が亡くなり、相続人は、妻の私と、前妻との間の二人の子です。前妻は夫との離婚後再婚しており、二人の子を引き取って育てています。遺言書には、「全財産を妻（私）に相続させる」とありました。前妻との間の二人の子は納得できないので、裁判をしようと思っているようです。なんとか話し合いで解決したいのですが、どうしたらよいでしょうか。

A

家庭裁判所で、相続の「調停」をします

家庭裁判所において、遺言書で争いが起きたときは、まず、当事者間で、話し合いで

解決することを望みます。そこで、まず、遺言や相続の争いは、家庭に関する事件として、「調停」をします。したがって、通常は、調停前置主義として、調停の事案は、訴訟を提起する前に、調停を申し立てなければなりません。ご質問の事例も、遺言や相続の争いであるため、「調停」から始まり、相続人全員の話し合いで解決するようになると思います。ただし、例外として、相続の放棄、限定承認の申述など甲類の審判事項と言われるものは、いきなり「審判」で決定されます。

Mr.遺言のワンポイント・アドバイス

家庭裁判所で相続の「調停」を行うことは、費用も高くありませんので、最近は多くの人が利用しているようです。

Q 嫁の私でも財産がもらえる？（介護の貢献）

長男の嫁として嫁いで三〇年になります。九二歳の義母を介護して、一〇年になります。現在、夫と義母との三人で暮らしています。夫には兄弟姉妹（私にとっては義弟と義妹）がおりますが、年に一回、正月に見舞いに来るだけで、義母のお世話はほとんど私がしています。もし、このまま、義母が亡くなったら、夫と夫の兄弟姉妹だけで財産を分けるのでしょうか。嫁である私の介護の功績は、なにもないのでしょうか。

A 遺言書を書いてもらいます

親の介護はたいへんなご苦労があると思います。ましてや、長男のお嫁さんでは、さぞかし大変なことでしょう。それでも、お嫁さんの功績は、民法では、相続において認めていません。従って、現時点ではつぎのことが考えられます。

1．遺言

義母が元気なうちに、義母に遺言書を書いてもらい、特定の財産を遺贈してもらうようにする。ただし相続の際は、義母の「一親等の血族及び配偶者」以外の者にあたるので、二割加算して相続税を払うことになります。

2．夫の相続分を多くする

夫の弟妹とよく話し合い、あなたの介護の功績を加味して、夫の相続の取り分を多くしてもらう。

3．養子縁組

義母があなたと養子縁組をすれば、あなたも相続人になりますから、義母の財産の1/4を法定相続分として相続することができます（夫・義弟・義妹・嫁〈養子〉で各1/4ずつ）。

Mr．遺言のワンポイント・アドバイス

特に「寄与分」といういわゆる陰の力になってくれた方を救う法的なものがあります。

ねんきん特別便・年金記録の問い合わせ先

①ねんきん特別便専用ダイヤル（年金記録照会の相談）

0570 - 058 - 555
（IP電話・PHSからは）　03 - 6700 - 1144
月～金　9：00～20：00
第2土曜日　9：00～17：00

基礎年金番号（年金手帳に記載）、生年月日を伝え、後日、回答票が郵送されます。

②ねんきんダイヤル
（一般の年金相談・回答票の問い合わせ）

0570 - 05 - 1165（祝日休）
（IP電話・PHSからは）　03 - 6700 - 1165
月～金　8：30～17：15
第2土曜日　9：30～16：00

ただし、月曜日（月曜日が休日の場合は火曜日）は19：00まで受け付け。
12月29日～1月3日は利用できません。

③お近くの社会保険事務所、年金相談センターなどへ

月～金　8：30～17：15
上記以外にも相談日があります

詳しくは、お近くの社会保険事務所などへお問い合わせください。
年金手帳など本人確認ができるものをご用意ください。
職歴（会社名や所在地など）のメモも用意しておくと便利です。

参考ホームページ

社会保険庁 **http://www.sia.go.jp/**
国税庁 http://www.nta.go.jp/
厚生労働省 http://www.mhlw.go.jp/
日本税理士会連合会 http://www.nichizeiren.or.jp/
全国社会保険労務士会連合会
http://www.shakaihokenroumushi.jp/
日本行政書士会連合会 http://www.gyosei.or.jp/
日本公証人連合会 http://www.koshonin.gr.jp/
日本FP協会（NPO法人 日本ファイナンシャル・プランナーズ協会）
http://www.jafp.or.jp/
社団法人 生命保険協会
http://www.seiho.or.jp/
社団法人 日本損害保険協会
http://www.sonpo.or.jp/
国民年金基金 http://www.npfa.or.jp/
個人型確定拠出年金 http://www.npfa.or.jp/401K/
小規模企業共済 http://www.smrj.go.jp/skyosai/index.html

「みんなの暮らしと税金」研究会からのお知らせ

この書籍を購入された読者の方のご質問を、メールまたはFAXでお受けいたします。ただし、ご質問の内容によっては、詳しい聞き取りが必要な場合があり、また回答しかねる場合もございますので、あらかじめご了承ください。

〈ご質問の宛先〉

メールまたはFAXでお願いいたします。
「みんなの暮らしと税金」研究会

メールアドレス：info@okamoto-tax-accounting.jp
FAX：(03) 3338-5814

ご質問に際しては、下記の内容を明記してください。

【質問者のご連絡先】

お名前 ________________

ご住所 〒 ________________

TEL： ________________ FAX： ________________

メールアドレス： ________________

【ご質問内容】

....

....

....

....

....

本書は書き下ろしです。

岡本通武―1945年、東京都に生まれる。明治大学大学院を修了。税理士、行政書士。会社の設立、税務のほか、年金、相続、贈与、譲渡などに関しての幅広い実務経験をもとにプロ税理士の相談に乗っている「プロ中のプロ」。鋭い分析と人柄で各専門家から絶大な信頼を得ている。共著には『勘定科目別 消費税の実務手引』（新日本法規出版）がある。

「みんなの暮らしと税金」研究会―税理士、ファイナンシャルプランナー、行政書士などからなる超ベテラン集団。たゆまぬ研鑽により、一般消費者から専門家にいたるまでお金にまつわる相談を受け、親切でわかりやすい回答で定評がある。

講談社+α文庫 年金《ねんきん》・保険《ほけん》・相続《そうぞく》・贈与《ぞうよ》・遺言《ゆいごん》 きほんの「キ」

岡本通武《おかもとみちたけ》+「みんなの暮《く》らしと税金《ぜいきん》」研究会《けんきゅうかい》

2008年4月20日第1刷発行
2010年5月6日第5刷発行

発行者――鈴木 哲
発行所――株式会社 講談社
東京都文京区音羽2-12-21 〒112-8001
電話 出版部(03)5395-3529
販売部(03)5395-5817
業務部(03)5395-3615

カバー・イラスト―the rocket gold star
デザイン――鈴木成一デザイン室
本文組版――朝日メディアインターナショナル株式会社
カバー印刷――凸版印刷株式会社
印刷――慶昌堂印刷株式会社
製本――株式会社千曲堂

落丁本・乱丁本は購入書店名を明記のうえ、小社業務部あてにお送りください。
送料は小社負担にてお取り替えします。
なお、この本の内容についてのお問い合わせは
生活文化第二出版部あてにお願いいたします。
Printed in Japan ISBN978-4-06-281200-9
定価はカバーに表示してあります。